München
1. Auflage 1999
ISBN 3-932023-32-3

| | |
|---|---|
| Grafische Gestaltung | Verena Fleischmann |
| Umschlaggestaltung | Zero, München |
| Fotografie | Walter Cimbal |
| Redaktion | Nicole Fischer, Kathrin Ullerich |
| Fachliche Beratung | Irmgard Landthaler |
| Herstellung | Karin Mayer, Peter Karg-Cordes |
| Lithografie | inteca Media Service GmbH, Rosenheim |
| Druck & Bindung | Mohndruck, Gütersloh |

Besuchen Sie uns auch im Internet unter der Adresse www.zsverlag.de

*Starkoch Martin Bräuer lässt sich von Thomas Fuchsberger und Michael van Almsick gern in den Kochtopf schauen.*

Von der Spritze kommen Sie nie mehr runter" ... so lautete das medizinische Urteil, mit dem mich damals, vor über zwanzig Jahren, ein wenig feinfühliger Assistenzarzt im Krankenhaus konfrontierte. „Was will der?" war meine Reaktion, „in zehn Tagen bin ich hier wieder raus!" Natürlich kam es anders. In diesen Tagen, im Schulungskurs des Schwabinger Krankenhauses in München, habe ich gelernt, was es heißt, Diabetiker zu sein.

Aber im Laufe der Zeit durfte ich erfahren, dass man der kulinarischen Lebensfreude nicht nur nicht entsagen muss, im Gegenteil! Mit Erleichterung wurde mir bewusst, dass Diabetiker sein keineswegs bedeutet, auf Genuss verzichten zu müssen.

Ich war ahnungslos. Was ist ein Typ-1-Diabetiker, was ein Typ-2-Diabetiker? Und was darf man noch essen – was nicht? Das war nun die lebenswichtige Frage.

Ich fand schnell heraus, dass die im Handel befindlichen Bücher wie Informationsbroschüren für Patienten aussahen, einem eher den Appetit nahmen als irgendeine Gaumenfreude vermittelten. Wo gab es ein „diabetikerfreundliches" Kochbuch? Es gab Kochbücher für Astronauten. Ich fragte einen der Verfasser: „Wie viele Astronauten gibt es auf der Welt – und wie viele Diabetiker?"

Da war eine Marktlücke. Nichts gegen Diätassistentinnen und ihre Rezeptsammlungen. Aber wo blieb die Kreativität bekannter Küchenchefs und berühmter Sterne-Köche? Diese schienen ebenso ahnungslos zu sein wie ich selbst seinerzeit.

Die Diagnose: „Sie sind zuckerkrank..." ist kein Todesurteil mehr. Im Gegenteil! Statt Selbstmord mit Messer und Gabel zu begehen heißt es vielmehr, sich der Freuden des Lebens bewusst zu werden. Ich habe gelernt, mit Diabetes zu leben und – auch was das Essen betrifft – das Beste aus allem zu machen.

Apropos Kreativität: Ich wurde ungehalten – und werde es heute noch –, wenn mir nach einem guten Menü als Nachtisch der obligatorische „Früchteteller" angeboten wird. Es macht mir Spaß, den Küchenchef zu fordern, sich etwas Originelles einfallen zu lassen. Dass dies möglich ist, hat mir meine Mutter häufig genug bewiesen.

Aber sie werden seltener, die Früchteteller, denn immer mehr Küchenchefs macht es Freude, am Herd für Diabetiker kreativ zu werden. Und wir sind mit Sicherheit die dankbarsten Gäste.

Mit Martin Bräuer, einem Küchenchef der neuen Generation, haben wir einen Koch gefunden, der bereit ist, alte, ausgetretene Küchenpfade zu verlassen. Er geht neue Wege, ohne Zucker, mit wenig Fett und ohne schwere Beilagen und Zutaten. Um uns Diabetikern die Freude am Essen – und damit am Leben – zu erhalten, ja sogar zu versüßen.

In diesem Sinne – viel Freude und guten Appetit!
Ihr Thomas Fuchsberger

Thomas Fuchsberger

Es war schwülheiß in diesem Sommer 1995. In den Räumen unserer Konzertagentur in München wurde seit Wochen fieberhaft an der Organisation eines großen Rock-Festivals gearbeitet. Klar, dass ich bei dieser Anspannung und Temperaturen über 30 °C durstig war und Wasserflasche um Wasserflasche leerte. Zur weiteren Abkühlung besorgte ich mir die eine oder andere Portion Eiscreme aus der Eisdiele um die Ecke.

Es erstaunte mich zunächst nicht, dass ich in dieser Zeit langsam, aber kontinuierlich an Gewicht verlor. Als leidenschaftlicher Hobbykoch mit mäßigen Qualitäten, aber genießerischen Ambitionen gönnte ich mir nur zu gern nach all dem Druck zur Entspannung ein mehrgängiges Menü mit entsprechender Weinauswahl, das ich mit Freunden genoss. Es war wie im Schlaraffenland: Essen ohne Grenzen und dabei abnehmen. Doch die anfängliche Euphorie wich schließlich zunehmender Skepsis. Der Gang zum Arzt und eine Blutuntersuchung klärten das vermeintliche Wunder auf: Ich war Typ-2-Diabetiker.

Ich war am Boden zerstört. Vor meinem geistigen Auge trug ich all die schönen Feste und fantasievollen Menüs zu Grabe, mit denen ich meine Freunde zu beeindrucken und meine Freundin zu bezirzen versucht hatte. Mein Leben schien plötzlich nicht mehr selbstbestimmt und frei zu sein.

Es kam, wie es kommen musste. Ich wurde eine Woche lang zur Schulung und Beobachtung ins Schwabinger Krankenhaus, der langjährigen Wirkungsstätte von Professor Mehnert, eingewiesen. Die Diabetikerkost im Krankenhaus schmeckte grauenhaft, die Diabetikerschulung hingegen war hervorragend. Eines Abends, als mein Blick wieder einmal über die Speisekarte meines Lieblingsrestaurants wanderte, durchfuhr es mich blitzartig: „Das kannst du ja alles essen!" Es war wie eine Befreiung.

Die anspruchsvolle, feine und moderne Küche kommt tatsächlich dem Typ-2-Diabetiker – wie auch einer Reihe anderer zur Diät angehaltener Schicksalsgenossen – sehr entgegen. Sie verwendet nur Zutaten allererster Güte, verschiedenste Gemüse, Kartoffeln in überschaubaren Portionen, gelegentlich auch Teigwaren, aber als kleine Leckereien in fantasievollen Arrangements. Diese ballaststoffreiche Kost mit häufigem Fisch- und gelegentlichem Fleischanteil ermöglicht es, spielend ein mehrgängiges Menü mit insgesamt 3 BE zusammenzustellen. Die Rezepte von Martin Bräuer in diesem Buch liefern hierfür den besten Beweis.

Die Erfahrung, Diabetiker zu sein, bedeutet mir längst keine Last mehr. Im Gegenteil – sie beschert mir zusätzliche Lebensqualität. Ich habe gelernt, bewusster und besser und damit genussreicher zu essen. Und gepaart mit sportlicher Betätigung habe ich sogar ein Mehr an Lebensfreude gewonnen.

Genau das wünsche ich auch Ihnen!
Ihr Michael van Almsick

*Auf eine gelungene Zusammenarbeit stoßen an: Irmgard Landthaler, Martin Bräuer, Thomas Fuchsberger, Prof. Dr. Hellmut Mehnert und Michael van Almsick (v. l. n. r.).*

Sehr gern habe ich die Aufgabe übernommen, für das hervorragend gelungene Buch „Feine Küche für Diabetiker" ein Vorwort und eine Einführung zu schreiben. Ich tue dies um so lieber, als ich Herrn Thomas Fuchsberger, Komponist, Musiker und einen der Herausgeber dieses Buches, vor Jahren selbst behandelt habe.

Herr Fuchsberger war bereit, seine Diabeteserkrankung öffentlich zu machen – was in Deutschland keinesfalls selbstverständlich ist. Mit dem von ihm initiierten Kochbuch möchte er anderen Betroffenen Mut machen und beweisen, dass auch Diabetiker genießen können und dürfen. Das gleiche Anliegen hat Herr Michael van Almsick, der – im Gegensatz zum Typ-1-Diabetes von Thomas Fuchsberger – an einem Typ-2-Diabetes erkrankt ist. Die erstere Diabetesform tritt in der Regel in jüngerem Alter bei meist normalgewichtigen Menschen auf und führt stets zur Insulinbehandlung. Die Form des Typ-2-Diabetes dagegen betrifft häufig ältere Menschen, die oft mit Diät allein oder mit Diät und Tabletten auskommen können. Viele von diesen Diabetikern werden allerdings im Laufe ihres Lebens dann ebenfalls auf Insulin umgestellt.

Gemeinsam ist beiden Diabetesformen – und damit beiden Herausgebern –, dass eine bestimmte Form der Ernährungstherapie eingehalten werden soll, was aber – wie das Buch uns zeigen wird – nicht gleichbedeutend mit einem wenig wohlschmeckenden Essen ist. Im Gegenteil: Der Starkoch Martin Bräuer, Küchenchef im Münchner Hotel Königshof, hat für dieses Buch über hundert Gerichte kreiert, die nicht nur gesund und ausgewogen sind, sondern auch kulinarische Hochgenüsse versprechen.

Beratend zur Seite stand Frau Irmgard Landthaler, eine exzellente Diätassistentin, die auch die Nährwertberechnungen der Rezepte vorgenommen hat. Auf diese Weise ist ein Buch zustande gekommen, das ich rückhaltlos empfehlen kann.

Prof. Dr. Hellmut Mehnert
Präsident der Deutschen Diabetes-Union

# Die Ernährung bei Diabetes

Unter dem Diabetes mellitus oder der Zuckerkrankheit (ein schlechtes Wort!) versteht man eine erbliche Stoffwechselerkrankung, bei der es an dem in der Bauchspeicheldrüse gebildeten Hormon Insulin fehlt. Dieser Insulinmangel kann komplett (Typ-1-Diabetes) oder unvollständig (Typ-2-Diabetes) sein. Während die medikamentöse Behandlung sich nach der jeweiligen Form des Diabetes richtet, ist die Ernährungstherapie die Grundlage jeder Diabetesbehandlung. Viele Ärzte vermeiden hierfür das Wort Diät, da dieses zu sehr nach wenig schmackhaftem Klinikessen klingt. Im übrigen bedeutet „Diät" streng genommen, also in dem Sinne, wie es auch die alten Griechen verstanden, „Ernährungtherapie plus Bewegungstherapie".
Weder die Behandlung mit Insulin noch die Behandlung mit Tabletten machen die Verordnung und Einhaltung der Ernährungstherapie entbehrlich, denn nur durch sie kann eine ausgeglichene Stoffwechselführung erzielt werden. Natürlich ist die wichtigste Therapie des Typ-1-Diabetes die lebensrettende Behandlung mit Insulin. Doch um Übergewicht und Blutzuckerschwankungen zu vermeiden, muss diese durch eine bestimmte liberalisierte Kost ergänzt werden. Beim Typ-2-Diabetes ist das Hauptziel der Therapie die Normalisierung des Körpergewichts, da mehr als 80 Prozent aller Typ-2-Diabetiker übergewichtig sind und durch eine entsprechende unterkalorische Kost abnehmen und ihre Stoffwechsellage erheblich verbessern können.

## Die Aufteilung der Nährstoffe

Gerade bei Diabetikern sollte die Ernährung vollwertig sein. Die Erfahrungen der letzten Jahrzehnte haben untermauert, wie gesundheitsfördernd eine kohlenhydratreiche sowie fettarme und nicht allzu eiweißreiche Kost ist. Die Empfehlungen lauten generell, dass mindestens 50 Prozent der Gesamtkalorien aus kohlenhydratreichen Lebensmitteln gebildet werden sollen, während Fett höchstens 35 Prozent und Eiweiß 15 Prozent ausmachen sollen.

Da Diabetiker verstärkt zu Arteriosklerose (im Volksmund „Gefäßverkalkung") neigen, ist eine fettarme Ernährung für sie von besonderer Bedeutung. Um Gefäßerkrankungen vorzubeugen, sollten sie günstige Fette in ihrer Ernährung auswählen, also Fette, die einen hohen Anteil an ungesättigten, vor allem einfach ungesättigten Fettsäuren besitzen. Letzteres trifft beispielsweise auf Oliven-, Sesam- oder auch Erdnussöl zu. Eine vollwertige Ernährung entspricht übrigens nicht nur den Bedürfnissen von Diabetikern; sie ist vielmehr jedem anzuraten, der sich gesund ernähren möchte.

## Ziele der Ernährungstherapie

Das wichtigste Ziel der Ernährungstherapie ist eine bedarfsgerechte Energiezufuhr. Dies bedeutet, dass sich ein übergewichtiger Patient (z. B. der Typ-2-Diabetiker) unterkalorisch ernähren soll, während ein untergewichtiger Patient – wie es bei jungen Diabetikern zu Beginn der Erkrankung oft der Fall ist – mit reichlich Kalorien versorgt werden muss. Wer ein normales Körpergewicht aufweist, sollte seine bisherige Ernährung – allerdings mit einigen qualitativen Besonderheiten – fortsetzen.
Was das erwünschte Körpergewicht betrifft, hat es in den letzten Jahren heftige Kontroversen gegeben. Dieses so genannte Broca-Gewicht wird mithilfe folgender Formel berechnet: Körpergröße in Zentimetern minus 100. Danach dürfte also z. B. ein 170 cm großer Patient 70 kg wiegen. Allerdings sollten Patienten, die weniger wiegen (Broca-Gewicht minus 10 Prozent bei Männern bzw. minus 15 bis 20 Prozent bei Frauen), dieses Idealgewicht durchaus behalten, um Risikofaktoren zu vermeiden. Im Falle eines 170 cm großen Mannes würde das Idealgewicht 63 kg betragen. Wenn dieser Patient vorher jedoch stark übergewichtig war, beispielsweise 120 kg auf die Waage brachte, bedarf es dann „nur" einer Gewichtsabnahme, die etwa in den Bereich von „Broca plus 10 Prozent", d. h. bis zu

*Wer sich bewusst ernährt, führt dem Körper die richtige Menge an Nährstoffen zu.*

77 kg (oder mehr) und sicherlich nicht bis 63 kg gehen sollte. Die Erfahrung lehrt nämlich, dass von einem bestimmten Punkt an die Gewichtsabnahme bei ehemals Übergewichtigen nicht zumutbar und praktisch auch nicht durchführbar ist.

## Individuelle Bedürfnisse

Vorrangiges Ziel der Diabeteskost ist es, das Risiko von chronischen Schäden zu mindern, wie sie vor allem an den Blutgefäßen, aber auch an den Nerven und an der Augenlinse auftreten können. Eine eher kohlenhydratreiche, fettarme und eiweißbeschränkte Ernährung wirkt sich schon deshalb günstig aus, weil mit ihr auch die Kochsalzzufuhr in der Nahrung vermindert wird. Dies ist besonders bei Patienten mit hohem Blutdruck von Bedeutung. Da 50 Prozent aller Diabetiker an erhöhtem Blutdruck leiden, stellt die Verminderung der täglichen Einnahme des blutdruckerhöhenden Kochsalzes eine wichtige vorbeugende Maßnahme dar.

In den letzten Jahren hat in Fachkreisen ein Umdenken stattgefunden: Bei der Zusammenstellung der Diät wird zunehmend Rücksicht auf individuelle Ernährungsgewohnheiten genommen. Dahinter steht die Erkenntnis, dass der Patient auf Dauer nur gewillt ist, dieses „Diätregime“ zu seinem Nutzen zu befolgen, wenn er in der Diabeteskost wenigstens einige seiner alten Essgewohnheiten wieder erkennt. Daher hat sich in jüngster Zeit eine Art der Ernährungsberatung durchgesetzt, die das „Empowerment“ in den Vordergrund stellt. Diese Anschauung steht für eine Diabetestherapie, die primär von den Bedürfnissen, Zielen und Handlungsmöglichkeiten der Patienten ausgeht. Das bedeutet, dass die Betroffenen eher zu einer vernünftigen Ernährung ermutigt werden, als dass sie mit einer Liste von Verboten von der Teilnahme an der Ernährungstherapie abgeschreckt werden. Ich brauche wohl nicht besonders hervorzuheben, dass gerade dieses Buch mit seinen ausgewählten Rezepten diese Zielsetzung beispielhaft verfolgt.

## Wege der Ernährungstherapie

Die oben beschriebene Aufteilung der Nährstoffe (50 Prozent Kohlenhydrate, 30 Prozent Fett, 15 Prozent Eiweiß) lässt sich nur dann durchführen, wenn man den Genuss von stark fetthaltigen Lebensmitteln erheblich einschränkt. Problematisch dabei ist, dass sich bei der derzeitigen Art der Ernährung ein Großteil der Bevölkerung nicht nur überkalorisch, sondern vor allem zu fettreich ernährt und daher nach Verordnung einer Diabeteskost strikt umlernen muss. Im übrigen sollten alle Übergewichtigen wissen, dass bei-

Kohlenhydrathaltige Beilagen wie Nudeln, aber auch Kartoffeln und Reis sind ein zentraler Bestandteil der Diabeteskost.

nahe ausschließlich „Fett fett macht". Wenn man vorwiegend Kohlenhydrate zu sich nimmt, wird man kaum übergewichtig; dies geschieht nur dann, wenn dazu reichlich Fett eingenommen wird. Als Anreiz für jeden übergewichtigen Diabetiker sollte dienen, dass die Reduzierung des Körpergewichts meist auch eine erhebliche Verbesserung der Stoffwechselsituation mit sich bringt. Besonders wichtig ist die Vermeidung von hohen Blutzuckerwerten, um den diabetischen Spätschäden zu begegnen. Aber auch zu niedrige Blutzuckerwerte sind dringend zu vermeiden. Diese können im Extremfall zum so genannten hypoglykämischen Schock, zum Bewusstseinsschwund infolge Zuckermangels im Gehirn, führen.

## Kurz wirkende Insuline

Auch die Abstimmung der medikamentösen Therapie und der körperlichen Arbeit auf die Nahrungszufuhr ist von entscheidender Bedeutung: Je instabiler und schwankender die Stoffwechselsituation eines insulinbedürftigen Typ-1-Diabetikers ist, desto häufiger wird der Arzt kleine Mengen kurz wirkender Insuline verordnen (intensivierte Insulintherapie). Auf der einen Seite muss der Diabetiker sich mit der Nahrungszufuhr an den Wirkungsablauf des Insulins anpassen, d. h. in erster Linie auch die Einnahme von mehreren kleinen Mahlzeiten anstelle einiger großer Mahlzeiten berücksichtigen.

Andererseits wird man sich aber auch – je häufiger man kurz wirkende Insuline spritzt – dem Normalzustand des Stoffwechselgesunden nähern und sozusagen anstelle der Insulinabgabe aus der Bauchspeicheldrüse dann vor Einnahme einer Mahlzeit ein wenig Insulin spritzen. Verallgemeinernd darf man sagen: Je häufiger kurz wirkende Insuline gespritzt oder über eine Insulinpumpe verabreicht werden, desto mehr nähert sich der Patient dem Zustand des Stoffwechselgesunden.

## Süsses für Diabetiker?

Trotz heftiger Diskussionen gilt nach wie vor das Gebot, dass Diabetiker Zucker vom Traubenzuckertyp (Traubenzucker, Malzzucker, Koch- und Rohrzucker) nach Möglichkeit meiden sollten. Dies betrifft alle Speisen und Getränke, die mit diesen Zuckern zubereitet werden, genauso wie die isolierte Gabe dieser Zucker in Kaffee, Tee oder Bier (Malzzucker!), was zu besonderen Blutzuckersteigerungen führt.

Ein wenig liberaler ist man allerdings bei gelegentlicher Zuckerzufuhr in Form eines Stück Kuchens oder von Speiseeis geworden. Hier ist der Zucker so in andere Nährstoffe eingebunden, dass es kaum zu erheblichen Blutzuckerschwankungen kommt. Der früher so dramatisierend gebrauchte Ausdruck von der „Diätsünde" gilt für solche Situationen sicherlich nicht. Zweifellos ist aber der Einsatz von Ballaststoffen im Hinblick auf die Vermeidung von Überzuckerungen (Hyper-

*Brotsorten wie Vollkorn- oder Schwarzbrot liefern wertvolle Ballaststoffe.*

glykämien) sinnvoll. Der Ballaststoffverzehr ist in den zivilisierten Ländern leider ständig zurückgegangen. Unter diesen Stoffen versteht man eine Mischung verschiedener, chemisch sehr unterschiedlicher Substanzen, die nicht oder nur sehr langsam im Darm aufgeschlossen werden. Die tägliche Ballaststoffaufnahme in der Bundesrepublik Deutschland beträgt zur Zeit etwa 25 g pro Kopf. Um den Blutzucker und die Blutfette positiv zu beeinflussen, sind jedoch 30 bis 40 g erforderlich.

Es ist schwierig, solch große Mengen allein mit Gemüsen und Salaten zu sich zu nehmen. Daher ist es wichtig zu wissen, dass auch Brote und Backwaren wie Vollkornbrot, Schwarzbrot, Grahambrot, Leinsamenbrot, Kleiebrötchen oder Roggen-, Knäcke- und Haferkekse einen relativ hohen Ballaststoffanteil haben. Das gleiche gilt für Getreideerzeugnisse wie Weizenkleie, Weizenflocken, Leinsamenkörner, grobe Haferflocken, Cornflakes und Müsli.

Beim Frischobst sollte man Brombeeren, Himbeeren, Stachelbeeren, Pfirsiche, Pflaumen, Äpfel, Apfelsinen, Johannisbeeren und Preiselbeeren bevorzugen. Unter den Gemüsen enthalten Spinat, Sellerieknollen, Zuckermais, Rosenkohl, Brokkoli, grüne Bohnen, Porree, rote Bete, Rotkohl, Wirsingkohl und Weißkohl viel Ballaststoffe. Bei Hülsenfrüchten sind grüne und gelbe Erbsen, dunkle und bunte Bohnen sowie Linsen zu bevorzugen.

Für die Wege der Ernährungstherapie spielen die diätetischen Lebensmittel nur eine geringe Rolle. Süßstoffe (z. B. Saccharin, Cyclamat, Aspartame, Acesulfam) können dem Süßungsbedürfnis des Diabetikers entgegenkommen, ohne dass sie berechnet werden müssen. Dies liegt daran, dass diese Süßstoffe praktisch kalorienfrei sind und im übrigen in den üblichen Dosen nicht zu Schäden führen. So genanntes Diabetikerbrot, Diabetikermehl, Diabetikertee und ähnliche Produkte finden zwar viele Käufer, werden jedoch seit Jahr und Tag von allen Diabeteskennern als unnötig erachtet und abgelehnt.

## Notwendige Kostberechnung

Bei der Ernährungstherapie für Diabetiker ist das Erlernen der Kostberechnung ein besonders wichtiger Schritt. Diese Kostberechnung ist für den Patienten mitunter langwierig und lästig, doch diese Maßnahmen sind unerlässlich. Gerade weil man in der Ernährungstherapie vermehrt Rücksicht auf die individuellen Bedürfnisse der Patienten nimmt, setzt dies bei den Betroffenen ein umfassendes

*Viele See- und Süßwasserfische sind fettarm. Sie sollten daher häufiger auf dem Speiseplan stehen als Fleisch.*

Wissen voraus. Deshalb ist es notwendig, dass Patienten unter Anleitung einer Diätassistentin, Diabetesberaterin oder des Hausarztes lernen, wie man die tägliche Kost berechnet und Ernährungstherapie, medikamentöse Behandlung und körperliche Betätigung optimal aufeinander abstimmt. Die Ernährungstherapie liegt jeder Diabetesbehandlung zugrunde. Diese ist heutzutage jedoch so liberalisiert, dass Diabeteskost keineswegs wenig wohlschmeckend sein muss. Es gibt eine „feine Küche für Diabetiker", was auch diese Rezeptsammlung untermauert.

Prof. Dr. Hellmut Mehnert

# Frühstück

(VON FENCHELROHKOST BIS TOMATEN MIT MOZZARELLA)

# Krabbenbrot

*200 g gekochte, ausgelöste Garnelen*
*1 EL Zitronensaft*
*Salz · Pfeffer*
*je ½ Bund Dill und Basilikum*
*4 Scheiben Roggenvollkornbrot*
*20 g Butter*

1 Die Garnelen mit dem Zitronensaft mischen und mit etwas Salz und Pfeffer würzen.

2 Die Kräuter waschen und trockenschütteln. Die Blättchen von den Stielen zupfen. Einige schöne Blättchen für die Garnitur beiseite legen. Den Rest grob hacken und unter die Garnelen rühren.

3 Die Brote mit der Butter bestreichen und die Kräutergarnelen darauf anrichten. Mit den Kräuterblättchen garnieren.

TIPP: *Noch gehaltvoller werden die Krabbenbrote, wenn Sie in die Garnelenmischung 2 EL Salatmayonnaise rühren. Verwenden Sie dann knusprige Skorpa, das sind getoastete Schwedenbrötchen aus Vollkornweizen.*

*205 kcal/857 kJ · 14 g EW · 6 g F · 25 g KH · 84 mg Cholesterin · 2 BE*

# Schinken- und Käsebrot

*einige grüne Salatblätter*
*4 Scheiben Roggenvollkornbrot*
*20 g Butter*
*4 Scheiben magerer gekochter Schinken*
*1 Kästchen Kresse*
*100 g Hüttenkäse*
*½ rote Paprika*
*Salz · Pfeffer*

1 Salatblätter waschen und trockentupfen. Die Brote mit der Butter bestreichen und halbieren. Die Brothälften mit den Salatblättern belegen.

2 Vier Brothälften mit dem gekochten Schinken belegen und mit Kresse garnieren.

3 Die restlichen Brothälften mit Hüttenkäse bestreichen. Die Paprikaschote putzen und das Kerngehäuse entfernen. Paprika waschen und in kleine Würfel schneiden. Die Paprikawürfel auf den Hüttenkäse geben, mit Salz und Pfeffer würzen.

TIPP: *Statt mit Kresse können Sie das Schinkenbrot auch mit klein geschnittenen Cocktailtomaten garnieren. Die Paprikawürfel auf dem Käsebrot lassen sich durch feine Radieschenstifte ersetzen.*

*227 kcal/948 kJ · 11 g EW · 9 g F · 24 g KH · 39 mg Cholesterin · 2 BE*

# Quarkdips

*600 g Magerquark*
*2 TL Currypulver (mild)*
*2 EL Ananassaft (naturrein)*
*je ½ Apfel und Pfirsich*
*Salz · Pfeffer*
*je ½ Bund Dill, Petersilie und Schnittlauch*
*2 Korianderstiele*
*100 g Salatgurke*
*je ¼ rote und gelbe Paprika*
*2 TL Paprikapulver (edelsüß)*
*¼ Knoblauchzehe*

1 Für den Currydip 200 g Quark mit dem Currypulver und dem Ananassaft glatt rühren. Apfel und Pfirsich schälen und in sehr kleine Würfel schneiden. Die Obstwürfel unter den Quark heben. Den Currydip mit Salz und Pfeffer abschmecken.

2 Für den Kräuterdip die Kräuter waschen und trockenschütteln. Die Blättchen abzupfen und fein hacken. Schnittlauch in Röllchen schneiden. Die Kräuter mit 200 g Quark verrühren. Salatgurke schälen, in sehr kleine Würfel schneiden und unter den Quark heben. Kräuterquark mit Salz und Pfeffer pikant abschmecken.

3 Für den Paprikadip die Paprikaschoten putzen und das Kerngehäuse entfernen. Die Schoten waschen und in sehr kleine Würfel schneiden. Den restlichen Quark mit dem Paprikapulver und den Paprikawürfeln verrühren. Knoblauch fein hacken und unterrühren, mit dem Stabmixer pürieren.

**TIPP:** *Zum Dippen eignen sich Selleriestangen, Möhren oder Fenchelscheiben. Die Quarkdips schmecken auch als Brotaufstrich oder als Beilage zu gekochten Kartoffeln.*

151 kcal/635 kJ · 22 g EW · 1 g F · 13 g KH · 1 mg Cholesterin · 1 BE

# Obstsalat

*2 Äpfel*
*1 Birne*
*½ Ananas*
*1 Kiwi*
*1 Orange*
*150 g Trauben*
*Saft von 1 Orange*
*Fruchtzucker*

1 Die Äpfel und die Birne schälen, halbieren und entkernen. Das Fruchtfleisch in Würfel schneiden. Ananas und Kiwi schälen und ebenfalls in Würfel schneiden.

2 Die Orange so schälen, dass auch die weiße Haut entfernt wird. Die Filets zwischen den Trennhäuten herausschneiden. Orangenfilets klein schneiden. Trauben halbieren und – falls nötig – entkernen.

3 Die Obstwürfel mit dem Orangensaft mischen und mit etwas Fruchtzucker abschmecken.

TIPP: *Sie können diesen Salat auch mit Feigen oder verschiedenen exotischen Früchten (z. B. Mango und Papaya) zubereiten. Wählen Sie aus dem gerade erhältlichen saisonalen Angebot.*

*154 kcal/644 kJ · 2 g EW · 1 g F · 33 g KH · 0 mg Cholesterin · 2 BE*

# Fenchelrohkost mit Pfirsich

*1 Fenchelknolle*
*1 Pfirsich*
*2 EL Traubenkernöl*
*1 EL Zitronensaft*
*Salz*
*Fruchtzucker*

1 Fenchel putzen und waschen, dabei das Grün beiseite legen. Fenchelknolle halbieren und die Hälften in feine Streifen schneiden. Den Pfirsich halbieren und den Stein entfernen. Die Pfirsichhälften in dünne Scheiben schneiden.

2 Für die Marinade das Traubenkernöl und den Zitronensaft verrühren. Mit Salz und Fruchtzucker abschmecken. Fenchelstreifen und Pfirsichscheiben mit der Marinade mischen und vor dem Servieren etwa 1 Stunde ziehen lassen.

TIPP: *Viele Gemüse eignen sich hervorragend zum Rohessen: z. B. Stangenseilerie, Möhren, Frühlingszwiebeln oder Kohlrabi. Geschält und in Stifte geschnitten serviert man sie am besten mit einer Kräutervinaigrette zum Dippen. Zu frischen, leichten Salaten lassen sich auch andere Obst- und Gemüsesorten kombinieren: etwa Möhren und Äpfel oder Rotkohl und Preiselbeeren.*

*71 kcal/296 kJ · 1 g EW · 5 g F · 5 g KH · 0 mg Cholesterin · 0 BE*

# Rührei mit Tomate

*2 Tomaten*
*8 Champignons*
*4 Eier*
*40 g Sahne*
*Salz · Pfeffer*
*1 Bund glatte Petersilie*
*2 EL Butter*

**1** Tomaten überbrühen, häuten, halbieren und entkernen. Die Hälften in Würfel schneiden. Champignons putzen und in Scheiben schneiden.

**2** Die Eier mit der Sahne verrühren und mit Salz und Pfeffer würzen. Petersilie waschen und trockenschütteln. Die Blättchen abzupfen und fein hacken.

**3** Die Butter in einer beschichteten Pfanne zerlassen. Champignons und Tomatenwürfel darin leicht anbraten. Mit Salz und Pfeffer würzen. Die Eiermasse darüber gießen und unter ständigem Rühren bei mittlerer Hitze langsam stocken lassen. Mit der gehackten Petersilie bestreuen.

**TIPP:** *Servieren Sie das Omelette mit geröstetem Vollkornbaguette.*

*174 kcal/727 kJ · 10 g EW · 14 g F · 2 g KH · 259 mg Cholesterin · 0 BE*

# Kräuteromelette

*8 Eier*
*2 EL Crème fraîche*
*Salz · Pfeffer*
*einige Stiele Petersilie,*
*Kerbel, Schnittlauch*
*und Basilikum*
*4 EL Butter*

**1** Eier und Crème fraîche in einer Schüssel mit dem Schneebesen verrühren. Mit Salz und Pfeffer würzen.

**2** Kräuter waschen und trockenschütteln. Die Blättchen abzupfen und fein hacken. Schnittlauch in Röllchen schneiden. Die Kräuter unter die Eiermasse rühren.

**3** Nacheinander die Omelettes backen: Dafür je 1 EL Butter in einer beschichteten Pfanne zerlassen. Ein Viertel der Eier-Kräuter-Mischung hineingeben. Bei mittlerer Hitze stocken lassen. Omelette mit einem Pfannenwender zur Hälfte umschlagen und auf einen Teller gleiten lassen.

**TIPP:** *Sie können das Kräuteromelette nach Belieben variieren: Mischen Sie z. B. etwas geriebenen Käse unter die Eimasse. Für besondere Anlässe können Sie auch Räucherlachs in das gegarte Omelette einschlagen.*

*262 kcal/1100 kJ · 16 g EW · 22 g F · 1 g KH · 500 mg Cholesterin · 0 BE*

# Sardellen-Gemüse-Salat

*4 große Sardellen (küchenfertig)*
*Salz · Pfeffer*
*150 ml Olivenöl*
*Saft von 2 Zitronen*
*1 Zucchini · 1 Tomate*
*½ Aubergine*
*1 Artischockenboden (aus dem Glas)*
*je 1 Bund Rucola und Löwenzahn*
*1 EL Aceto Balsamico*

1 Die Sardellen in der Mitte aufklappen. Auf beiden Seiten mit Salz und Pfeffer würzen. In einer Pfanne 2 EL Olivenöl erhitzen und die Sardellen darin auf beiden Seiten goldbraun braten. Den Zitronensaft und 5 EL Olivenöl verrühren und die Sardellen mit der Hälfte der Marinade begießen.

2 Zucchini putzen, waschen und in Scheiben schneiden. Tomate überbrühen, häuten, halbieren und entkernen. Die Aubergine putzen, waschen und in dünne Scheiben schneiden. Den Artischockenboden in Streifen schneiden. 2 EL Olivenöl in einer Pfanne erhitzen und das Gemüse darin anbraten. Gemüse mit der restlichen Marinade mischen.

3 Rucola und Löwenzahn putzen, waschen und trockenschütteln. Den Essig mit dem restlichen Olivenöl und etwas Salz und Pfeffer verrühren. Salatblätter auf Tellern anrichten und mit der Marinade beträufeln. Das Gemüse und die Sardellen darauf anrichten.

*41 kcal/171 kJ · 3 g EW · 1 g F · 5 g KH · 1 mg Cholesterin · 0 BE*

# Eingelegte Heringe

*2 Dillstiele*
*4 Petersilienstiele*
*100 ml Obstessig*
*Salz · Fruchtzucker*
*je 1 TL Pfefferkörner und Wacholderbeeren*
*einige Koriander- und Senfkörner*
*1 Lorbeerblatt*
*4 Heringsfilets (400 g)*

1 Dill und Petersilie waschen. In einem Topf ¼ l Wasser mit dem Obstessig, den Kräuterstielen und den Gewürzen aufkochen. Den Sud bei kleiner Hitze etwa 10 Minuten zugedeckt köcheln lassen.

2 Die Fischfilets unter fließendem kaltem Wasser abspülen. In den Topf legen und bei kleiner Hitze etwa 5 Minuten ziehen lassen. Die Heringe an einem kühlen Ort etwa 12 Stunden in der Marinade ziehen lassen.

**TIPP:** *Dazu passt sehr gut ein Rohkostsalat aus geriebenen Äpfeln und Stangensellerie mit einer Joghurt-Dill-Marinade.*

*220 kcal/924 kJ · 18 g EW · 15 g F · 2 g KH · 91 mg Cholesterin · 0 BE*

# Tomaten mit Mozzarella

*2 Bund Basilikum*
*4 feste Fleischtomaten*
*250 g Mozzarella*
*Salz · Pfeffer*
*1 Schalotte*
*1 Knoblauchzehe*
*½ Bund Schnittlauch*
*½ TL getrockneter Oregano*
*3 EL Aceto Balsamico*
*4 EL Olivenöl*

**1** Das Basilikum waschen und trockenschütteln. Die Blätter von den Stielen zupfen. Vier Teller mit den Blättern belegen.

**2** Die Tomaten waschen und in Scheiben schneiden. Mozzarella abtropfen lassen und ebenfalls in Scheiben schneiden. Tomaten- und Mozzarellascheiben auf dem Basilikum abwechselnd dachziegelartig anrichten, mit Salz und Pfeffer würzen.

**3** Für die Vinaigrette die Schalotte und den Knoblauch schälen und fein hacken. Den Schnittlauch waschen, trockenschütteln und in feine Röllchen schneiden. Alles mit Oregano, Essig und Olivenöl verrühren. Mit Salz und Pfeffer würzen und über die Tomaten- und Käsescheiben träufeln.

**TIPP:** *Die Tomaten mit Mozzarella können Sie statt mit der Kräutervinaigrette auch mit Pesto (siehe Rezept S. 50) anrichten.*

405 kcal/1698 kJ · 15 g EW · 36 g F · 6 g KH · 29 mg Cholesterin · 0 BE

# Vorspeisen

(VON BROKKOLISALAT BIS SPARGELSALAT)

# Kartoffeldressing

*1 mittelgroße Kartoffel (ca. 120 g)*
*100 ml Traubenkernöl*
*2 EL Champagneressig*
*100 ml Geflügelbrühe (siehe Rezept S. 42)*
*Salz · Pfeffer*

**1** Kartoffel gar kochen, pellen und noch warm durch die Kartoffelpresse drücken.

**2** Kartoffel mit dem Öl, dem Essig und der Geflügelbrühe glatt rühren und mit Salz und Pfeffer abschmecken.

**TIPP:** *Zu diesem Dressing passen besonders gut Gartenkresse und in feine Streifen geschnittene Radieschen. Wenn Sie das Kartoffeldressing mit jeweils nur der halben Menge Öl und Brühe zubereiten, eignet es sich auch vorzüglich als Dip für Rohkoststicks.*

*244 kcal/1022 kJ · 1 g EW · 25 g F · 5 g KH · 0 mg Cholesterin · 0 BE*

# Blutorangenvinaigrette

*1 TL Fruchtzucker*
*2 Blutorangen*
*4 EL Traubenkernöl*
*4 EL Nussöl*
*5 EL Geflügelbrühe (siehe Rezept S. 42)*
*Salz · Pfeffer*

**1** Den Fruchtzucker in 2 EL Wasser auflösen und aufkochen. Den Zuckersirup so lange kochen, bis ein heller Karamell entsteht.

**2** Die Blutorangen auspressen, den Karamell mit dem Orangensaft ablöschen und auf die Hälfte der Flüssigkeit einkochen lassen.

**3** Den eingekochten Orangensaft mit dem Traubenkern- und Nussöl und der Geflügelbrühe mixen. Die Vinaigrette mit Salz und Pfeffer abschmecken.

**TIPP:** *Blutorangen sind lediglich von Mitte Dezember bis Ende Februar im Handel. Außerhalb der Saison können Sie normale Saftorangen verwenden. Diese Vinaigrette passt besonders gut zu Feldsalat.*

*240 kcal/1006 kJ · 0 g EW · 25 g F · 4 g KH · 0 mg Cholesterin · 0 BE*

# Currydressing

*1 TL Butter*
*1 TL Madras-Currypulver (mild)*
*100 ml Geflügelbrühe (siehe Rezept S. 42)*
*1 sehr frisches Eigelb*
*100 ml Traubenkernöl*
*2 EL saure Sahne*
*2 TL Champagneressig*
*1 EL Ananassaft (naturrein)*
*Salz · Pfeffer*
*flüssiger Süßstoff*

**1** Die Butter in einem kleinen Topf erhitzen. Das Currypulver darin anschwitzen, mit der Geflügelbrühe ablöschen und auf die Hälfte der Flüssigkeit einkochen lassen.

**2** Für die Mayonnaise das Eigelb, den Curryfond und das Traubenkernöl mit dem Stabmixer aufschlagen. Mayonnaise mit saurer Sahne, Essig, Ananassaft, etwas Salz, Pfeffer und Süßstoff abschmecken.

**TIPP:** *Das Currydressing eignet sich besonders gut für Gerichte mit Fisch (siehe Rezept S. 31) oder mit Krustentieren wie Gambas, Hummer oder Langostinos. Auch einem Chicoréesalat mit tropischen Früchten (z. B. mit Mango- und Bananenwürfeln) gibt dieses Dressing eine exotische Note.*

*273 kcal/1142 kJ · 1 g EW · 30 g F · 1 g KH · 73 mg Cholesterin · 0 BE*

# Limettenvinaigrette

*2 Limetten*
*100 ml Olivenöl*
*5 EL Geflügelbrühe (siehe Rezept S. 42)*
*Salz · Pfeffer*
*flüssiger Süßstoff*

**1** Die Limetten auspressen. Den Limettensaft mit dem Olivenöl und der Geflügelbrühe zu einer Vinaigrette verrühren.

**2** Die Vinaigrette mit Salz, Pfeffer und Süßstoff abschmecken.

**TIPP:** *Diese Vinaigrette eignet sich vor allem für Fischgerichte. Sie können sie nach Belieben mit gehacktem Koriandergrün verfeinern. Wer es gern scharf mag, gibt jeweils ein kleines Stück fein gehackte rote und grüne Chilischote in die Vinaigrette.*

*244 kcal/1022 kJ · 1 g EW · 25 g F · 5 g KH · 0 mg Cholesterin · 0 BE*

# Gefüllte Artischockenböden

*8 mittelgroße Artischocken*
*Salz*
*Saft von 1 Zitrone*
*1 kleine Möhre*
*100 g Knollensellerie*
*100 g Zucchini*
*50 g Lauch*
*4 EL Olivenöl*
*1 hart gekochtes Ei*
*2 Cornichons*
*1 TL Kapern*
*¼ Sardellenfilet*
*1 Schalotte*
*1 kleines Bund Petersilie*
*4 Tomaten*

FÜR DIE VINAIGRETTE:

*100 ml Olivenöl*
*2 EL Zitronensaft*
*1 ½ EL Geflügelbrühe (siehe Rezept S. 42)*
*Salz · Pfeffer*

**1** Die harten Blätter der Artischocken rundherum vom Bodenrand schneiden. Die inneren Blätter knapp über dem Boden abschneiden. Die noch verbliebenen Blattansätze an der Bodenunterseite entfernen und das Heu mit einem Kugelausstecher herauslösen. Die Artischockenböden in Salzwasser mit dem Zitronensaft in etwa 5 bis 10 Minuten weich kochen. Kalt abschrecken und abtropfen lassen.

**2** Für die Gemüsefüllung Möhre und Sellerie schälen. Zucchini und Lauch putzen und waschen. Gemüse in kleine Würfel schneiden. 2 EL Olivenöl in einem Topf erhitzen und die Gemüsewürfel darin andünsten.

**3** Das hart gekochte Ei, die Cornichons, die Kapern und das Sardellenfilet fein hacken. Die Schalotte schälen und fein hacken. Petersilie waschen und trockenschütteln. Die Blättchen abzupfen und ebenfalls fein hacken. Alles zu den Gemüsewürfeln in den Topf geben und mit Salz, 1 EL Olivenöl und einem Spritzer Zitronensaft abschmecken.

**4** Tomaten überbrühen, häuten, vierteln und entkernen. 1 EL Olivenöl erhitzen und die Tomaten darin bei schwacher Hitze dünsten. Die Tomatenviertel sternförmig auf vier Tellern anrichten. Das Gemüse in die Artischockenböden füllen und je zwei Artischockenböden auf die Tomaten setzen.

**5** Olivenöl, Zitronensaft und Geflügelbrühe zu einer Vinaigrette verrühren. Mit Salz und Pfeffer abschmecken und über die Artischocken träufeln.

**TIPP:** *Wenn es einmal schnell gehen soll, können Sie diese Vorspeise natürlich auch mit eingelegten Artischockenböden aus dem Glas zubereiten. Achten Sie dann aber darauf, dass die Artischockenböden nicht mit Zucker versetzt sind.*

*413 kcal/1730 kJ · 9 g EW · 37 g F · 10 g KH · 60 mg Cholesterin · 0 BE*

# Gemüseterrine auf Löwenzahn

*300 g Champignons*
*2 Schalotten*
*50 g Butter*
*Salz · Pfeffer*
*300 g Sahne*
*3 Blatt Gelatine*
*3 Tomaten*
*2 Möhren · 2 Zucchini*
*100 g Kenia-Bohnen*
*1 Lauchstange*
*1 Bund Dill*
*100 g saure Sahne*
*Saft von ½ Zitrone*
*2 Bund Löwenzahn*

**1** Champignons putzen und hacken. Schalotten schälen, in Würfel schneiden und in der Butter andünsten. Pilze hinzufügen, mit Salz und Pfeffer würzen. Sahne angießen und auf die Hälfte einkochen lassen. Pürieren und durch ein Sieb passieren. Gelatine in kaltem Wasser einweichen, ausdrücken und unter die Pilzmousse rühren.

**2** Tomaten überbrühen, häuten, vierteln und entkernen. Die Möhren schälen. Zucchini und Bohnen putzen. Möhren, Zucchini und Bohnen in Stifte schneiden und in Salzwasser weich kochen. Lauch in einzelne Blätter trennen und ebenfalls weich kochen. Eine halbrunde Terrinenform mit den Lauchblättern auslegen. Etwas Champignonmousse angießen und die erste Schicht Gemüsestifte einlegen. Mousse darüber geben und die Tomaten darauf legen. Wiederum Mousse angießen und das restliche Gemüse darüber verteilen. Mit Pilzmousse abschließen und mit den restlichen Lauchblättern belegen. Terrine mindestens 4 Stunden kalt stellen.

**3** Für das Dressing den Dill waschen und hacken. Saure Sahne mit dem gehackten Dill verrühren und mit etwas Salz, Pfeffer und Zitronensaft abschmecken. Löwenzahn putzen, waschen, trockenschütteln und auf Tellern anrichten. Mit dem Dressing beträufeln. Die Gemüseterrine in Scheiben schneiden und darauf anrichten.

*419 kcal/1754 kJ · 10 g EW · 36 g F · 14 g KH · 107 mg Cholesterin · 0 BE*

# Kräutersalat im Käsekörbchen

**FÜR DIE KÄSE-KÖRBCHEN:**

*70 g fein geriebener Parmesan*

*30 g fein geriebener Greyerzer*

**FÜR DEN SALAT:**

*je 2 Bund Kerbel, glatte Petersilie und Basilikum*

*je 1 Bund Koriander, Schnittlauch und Estragon*

*1 Rolle Ziegenkäse (in Asche)*

*200 ml frisch gepresster Orangensaft*

*1 TL Walnussöl*

*1 TL Traubenkernöl*

*flüssiger Süßstoff*

**FÜR DIE GARNITUR:**

*2 kleine Fenchelknollen*

*2 EL Olivenöl*

*Salz · Pfeffer*

1 Für die Käsekörbchen den Backofen auf 180 °C vorheizen. Auf einem Stück Backpapier vier Kreise ( à 10 cm Durchmesser) einzeichnen. Das Backpapier auf ein Backblech legen. Beide Käsesorten miteinander vermischen und die Kreise damit dünn ausstreuen. Das Blech in den heißen Ofen schieben und den Käse in 4 bis 5 Minuten schmelzen lassen.

2 Die Käsekreise aus dem Ofen nehmen, mithilfe eines Messers vom Backpapier lösen. Jeden Käsekreis in eine Tasse drücken und erkalten lassen. Vorsichtig aus der Tasse lösen.

3 Für den Salat die Kräuter waschen und trockenschütteln. Die Blätter abzupfen, den Schnittlauch in Röllchen schneiden. Den Ziegenkäse in kleine Würfel schneiden und mit den Kräutern mischen.

4 Für das Dressing den Orangensaft auf die Hälfte einkochen lassen und mit dem Walnuss- und Traubenkernöl vermischen. Mit Salz, Pfeffer und Süßstoff abschmecken und gründlich verrühren. Den Kräutersalat mit dem Orangendressing mischen und in die Käsekörbchen füllen.

5 Den Fenchel von den äußeren Blättern befreien, waschen, vierteln und in feine Scheiben schneiden. Das Olivenöl in einer Pfanne erhitzen und die Fenchelscheiben darin goldgelb anbraten, mit Salz und Pfeffer würzen. Die gefüllten Käsekörbchen auf den gebratenen Fenchelscheiben anrichten.

**TIPP:** *Dieser Salat wird mit jeweils zwei Scheiben Vollkornbrot zu einer sättigenden Sommermahlzeit.*

*361 kcal/1510 kJ · 20 g EW · 26 g F · 11 g KH · 45 mg Cholesterin · ½ BE*

# Gemüsesalat „Chinoise“

*jeweils ¼ rote und gelbe Paprika*
*4 grüne Spargelstangen · ½ Möhre*
*50 g Zuckerschoten*
*½ Lauchstange*
*1 Selleriestange*
*100 g Chinakohl*
*2 EL Sesamöl*
*100 g Sojabohnensprossen · Salz*
*4 Kopfsalatblätter*

**FÜR DIE VINAIGRETTE:**

*50 g Sesamsamen*
*1 Bund Koriander*
*10 g frischer Ingwer*
*½ Knoblauchzehe*
*100 ml Sesamöl*
*5 EL Geflügelbrühe (siehe Rezept S. 42)*
*2 EL Reisessig*
*1 TL Sojasauce*
*Kreuzkümmel*
*Chilipulver*
*flüssiger Süßstoff*

1 Paprikaschoten putzen und das Kerngehäuse entfernen. Die Paprika waschen und in feine Streifen schneiden. Die Spargelstangen am unteren Ende schälen und schräg in größere Stücke schneiden. Möhre schälen und in Streifen schneiden. Zuckerschoten, Lauch und Sellerie putzen und ebenfalls in Streifen schneiden. Den Chinakohl in einzelne Blätter zerteilen, waschen und abtropfen lassen. Die Blätter in Streifen schneiden.

2 Sesamöl in einem Wok oder einer großen Pfanne erhitzen. Paprika, Möhren und Spargel darin bei starker Hitze anbraten.

3 Nach etwa 3 Minuten Zuckerschoten, Lauch und Sellerie hinzufügen. Nach weiteren 3 Minuten die Sojabohnensprossen und den Chinakohl kurz mitbraten. Gemüse mit etwas Salz würzen. Salatblätter waschen und trockentupfen.

4 Für die Vinaigrette die Sesamsamen in einer Pfanne ohne Fett unter Wenden rösten, bis sie leicht gebräunt sind und duften. Koriander waschen und trockenschütteln. Die Blättchen abzupfen und fein hacken. Ingwer schälen und fein reiben. Den Knoblauch fein hacken.

5 Sesamöl, Geflügelbrühe, Reisessig und Sojasauce zu einer Vinaigrette verrühren. Sesamsamen, Koriander, Ingwer und Knoblauch unterrühren. Mit etwas Kreuzkümmel, Chilipulver und Süßstoff würzen.

6 Das Gemüse mit der Vinaigrette mischen und auf je einem Blatt Kopfsalat servieren.

**TIPP:** *Wenn Sie den Salat als Hauptmahlzeit servieren möchten, können Sie zum Schluss noch separat gekochte Glasnudeln oder Vollkornspaghetti unterheben.*

*395 kcal/1653 kJ · 8 g EW · 37 g F · 9 g KH · 1 mg Cholesterin · 0 BE*

# Gemüsetörtchen mit Schwertfisch

*2 Schwertfischfilets*
*(à 120 g)*
*1 Zucchino · 1 Aubergine*
*1 EL Olivenöl · Salz*
*Pfeffer · 3 Tomaten*
*10 Basilikumblätter*
*¼ Kopf Eichblattsalat*
*Currydressing*
*(siehe Rezept S. 25)*

**FÜR DIE BEIZE:**

*20 g grobes Meersalz*
*2 TL Fruchtzucker*
*je 1 Bund Koriander*
*und glatte Petersilie*

**1** Am Vortag ein Schwertfischfilet mit dem Meersalz und dem Fruchtzucker bestreuen. Mit Koriander- und Petersilienzweigen abdecken. Das zweite Schwertfischfilet darauf legen. Den Fisch mit einem Teller beschweren und mit Frischhaltefolie abdecken. In den Kühlschrank stellen und 24 Stunden durchziehen lassen.

**2** Zucchino und Aubergine putzen, waschen und in Würfel schneiden. Das Olivenöl in einer Pfanne erhitzen und die Gemüsewürfel darin andünsten. Mit Salz und Pfeffer würzen. Tomaten halbieren, entkernen und in Würfel schneiden. Die Basilikumblätter in Streifen schneiden und mit den Auberginen-, Zucchini- und Tomatenwürfeln mischen. Das Gemüse zum Servieren in eine kleine Ringform drücken und auf Teller stürzen.

**3** Den Schwertfisch von der Beize befreien und abtupfen. In Scheiben schneiden und auf den Törtchen anrichten. Salatblätter waschen und trockentupfen. Die Törtchen mit den Salatblättern garnieren und mit dem Currydressing beträufeln.

**TIPP:** *Anstelle der Schwertfischfilets können Sie auch frische Lachs- oder Thunfischfilets beizen.*

129 kcal/540 kJ · 14 g EW · 6 g F · 5 g KH · 23 mg Cholesterin · 0 BE

# Paprika-Tomaten-Salat

*je 1 rote und*
*gelbe Paprika*
*2 Frühlingszwiebeln*
*4 Tomaten*
*1 Bund Rucola*
*100 ml Olivenöl*
*1 EL Estragonessig*
*2 EL Geflügelbrühe*
*(siehe Rezept S. 42)*
*Dijon-Senf · Pfeffer*
*flüssiger Süßstoff*
*1 Bund Estragon*

**1** Backofen auf 160 °C vorheizen. Paprikaschoten putzen, waschen und halbieren. Die Hälften mit der Hautseite nach oben auf ein geöltes Backblech legen. Im Backofen garen, bis die Haut Blasen wirft. Paprika herausnehmen, mit einem nassen Küchenhandtuch bedecken und kurz abkühlen lassen. Die Haut abziehen und die Schoten in feine Streifen schneiden.

**2** Frühlingszwiebeln putzen. In einem Topf Wasser aufkochen und die Zwiebeln darin 1 bis 2 Minuten blanchieren. Herausnehmen, trockentupfen und ebenfalls in feine Streifen schneiden. Tomaten überbrühen, häuten, halbieren und entkernen. Die Hälften in feine Streifen schneiden. Rucola waschen und trockenschütteln.

**3** Olivenöl, Essig, Geflügelbrühe und Senf zu einer Vinaigrette verrühren. Mit Salz, Pfeffer und etwas Süßstoff würzen. Estragon waschen und trockenschütteln. Die Blättchen abzupfen, fein hacken und in die Vinaigrette rühren. Gemüse mit der Vinaigrette marinieren und auf den Rucolablättern anrichten.

**TIPP:** *Anstelle der Paprikaschoten können Sie auch eingelegte Artischockenböden verwenden.*

*268 kcal/1119 kJ · 2 g EW · 25 g F · 6 g KH · 0 mg Cholesterin · 0 BE*

•

# Chicoréesalat mit Tafelspitz

*2 Chicorée*
*1 Apfel · 1 Zitrone*
*130 g saure Sahne*
*Salz · Pfeffer*
*400 g gekochter,*
*kalter Tafelspitz*
*(siehe Rezept S. 100)*
*4 EL Kürbiskernöl*

**1** Chicorée waschen und den bitteren Strunk herausschneiden. Den Apfel schälen, vierteln und entkernen. Die Chicoréeblätter und die Apfelstücke ein breite Streifen schneiden.

**2** Die Zitrone auspressen und die saure Sahne mit dem Zitronensaft zu einem Dressing verrühren. Mit Salz und Pfeffer würzen. Chicorée- und Apfelstreifen jeweils in der Mitte von vier Tellern anrichten. Das Dressing über den Salat träufeln.

**3** Den Tafelspitz hauchdünn gegen die Faser schneiden und um den Salat legen. Leicht mit Salz und Pfeffer würzen und mit Kürbiskernöl beträufeln.

*314 kcal/1315 kJ · 25 g EW · 21 g F · 6 g KH · 90 mg Cholesterin · 0 BE*

# Brokkolisalat mit Sesam

*750 g Brokkoli*
*Salz*
*1 Bund Koriander*
*100 g Sesamsamen*
*100 ml Traubenkernöl*
*2 TL Sesamöl*
*5 EL Geflügelbrühe*
*(siehe Rezept S. 42)*
*2 EL Reisessig*
*Pfeffer*

1 Brokkoli putzen, in einzelne Röschen teilen, waschen und abtropfen lassen. Die Röschen in Salzwasser 5 Minuten blanchieren, kalt abschrecken und abtropfen lassen.

2 Koriander waschen und trockenschütteln. Die Blättchen abzupfen und ein Viertel davon für die Vinaigrette fein hacken. Sesamsamen in einer Pfanne ohne Fett rösten.

3 Traubenkern- und Sesamöl mit der Geflügelbrühe und dem Reisessig zu einer Vinaigrette verrühren. Mit Salz und Pfeffer würzen und den gehackten Koriander unterrühren. Die Brokkoliröschen mit den restlichen Korianderblättchen und den gerösteten Sesamsamen mischen und mit der Vinaigrette anrichten.

*438 kcal/1834 kJ · 11 g EW · 41 g F · 7 g KH · 1 mg Cholesterin · 0 BE*

# Radicchio mit Kürbis

*400 g Muskatkürbis*
*10 g frischer Ingwer*
*200 ml Obstessig*
*100 g Fruchtzucker*
*1 EL schwarze Pfeffer-körner*
*je 1 EL Senf- und Korianderkörner*
*1 Lorbeerblatt*
*2 Köpfe Radicchio*
*2 EL Olivenöl*
*Salz · Pfeffer*
*120 g Pinienkerne*

1 Den Kürbis von der Schale befreien und in dicke Stifte schneiden. Den Ingwer schälen und in feine Scheiben schneiden. ½ l Wasser, Obstessig, Fruchtzucker, Pfefferkörner, Senf- und Korianderkörner, das Lorbeerblatt und den Ingwer in einen Topf geben. Aufkochen und kurz köcheln lassen. Die Marinade über die Kürbisstifte geben. Abkühlen und mindestens 4 Stunden ziehen lassen.

2 Den Radicchio in einzelne Blätter trennen, waschen und trockentupfen. Das Olivenöl in einer Pfanne erhitzen und die Radicchioblätter darin von beiden Seiten anbraten. Mit Salz und Pfeffer würzen, herausnehmen und abtupfen. Kreisförmig auf Tellern anrichten. Die Kürbisstücke mit etwas Marinade auf dem Radicchio verteilen. Die Pinienkerne in einer Pfanne ohne Fett rösten und darüber geben.

**TIPP:** *Seine Raffinesse verdankt dieses Rezept der ungewöhnlichen Kombination des leicht bitteren Radicchios mit dem süßen Kürbisfleisch. Am besten schmeckt der Kürbis, wenn man ihn bereits zwei Tage vorher einlegt.*

*369 kcal/1542 kJ · 10 g EW · 21 g F · 34 g KH · 0 mg Cholesterin · 2 ½ BE*

# Gebratene Pfifferlinge auf Portulak

*250 g Portulak*
*200 g Pfifferlinge*
*1 Schalotte*
*1 EL Sonnenblumenöl*
*20 g Butter*
*½ Bund glatte Petersilie*
*Salz · Pfeffer*
*50 ml Distelöl*
*4 TL Haselnussöl*
*2 EL Sherryessig*
*2 EL Geflügelbrühe (siehe Rezept S. 42)*
*60 g Parmesan*

**1** Portulak putzen, waschen und abtropfen lassen. Die Pfifferlinge putzen. Schalotte schälen und in kleine Würfel schneiden.

**2** Das Sonnenblumenöl in einer Pfanne erhitzen und die Pfifferlinge darin anbraten. Die Butter und die Schalottenwürfel hinzufügen und kurz mitbraten. Petersilie waschen und trockenschütteln. Die Blättchen abzupfen, fein hacken und unterrühren. Pilze mit Salz und Pfeffer würzen.

**3** Distel- und Haselnussöl mit dem Essig und der Brühe zu einer Vinaigrette verrühren. Mit Salz und Pfeffer würzen und mit dem Portulak mischen. Salat auf Teller verteilen und die Pilze darauf anrichten. Den Parmesan in grobe Späne hobeln und darüber streuen.

**TIPP:** *Anstelle der Pfifferlinge können Sie nach gleicher Zubereitungsart auch andere Speisepilze (z. B. Champignons oder Austernpilze) verwenden.*

307 kcal/1286 kJ · 7 g E · 2 g KH · 30 g F · 25 mg Cholesterin · 0 BE

# Rotbarbenfilets auf Selleriesalat

*200 g Brunnenkresse*
*3 Selleriestangen*
*8 Champignons*
*4 mittelgroße Rotbarbenfilets (ca. 300 g)*
*Salz · Pfeffer*
*1 Thymianzweig*
*200 g saure Sahne*
*Saft von 1 Zitrone*
*1 TL Olivenöl*
*1 TL grober Senf (Moutarde de Meaux)*

1 Brunnenkresse verlesen, waschen und gut abtropfen lassen. Selleriestangen putzen, waschen und in feine Scheiben schneiden. Die Champignons putzen und ebenfalls in Scheiben schneiden.

2 Fischfilets waschen und trockentupfen. Mit Salz und Pfeffer würzen. Den Thymianzweig mit den Fischfilets in eine beschichtete Pfanne legen und die Filets auf der Hautseite langsam knusprig braten. Aus der Pfanne nehmen und warm stellen.

3 Für das Dressing saure Sahne, Zitronensaft, Olivenöl und Senf mit etwas Salz und Pfeffer verrühren. Die vorbereiteten Zutaten damit mischen. Den Salat mit den Fischfilets anrichten.

**TIPP:** *Anstelle der Rotbarbenfilets eignen sich auch sehr gut Zander- oder Rochenfilets. Sie können diesen Salat auch variieren, indem Sie statt des hier beschriebenen Saure-Sahne-Dressings eine Limettenvinaigrette (siehe Rezept S. 25) zubereiten.*

178 kcal/744 kJ · 18 g EW · 9 g F · 5 g KH · 18 mg Cholesterin · 0 BE

# Spargelsalat mit Poulardenbrust

*12 weiße Spargelstangen*
*40 g Butter*
*Salz · flüssiger Süßstoff*
*2 Poulardenbrustfilets (ohne Haut; ca. 400 g)*
*2 Eiweiß*
*100 g Sesamsamen*
*1 EL Pflanzenöl*
*1 Tomate*

**FÜR DIE VINAIGRETTE:**

*100 ml Traubenkernöl*
*2 EL Champagneressig*
*4 TL Geflügelbrühe (siehe Rezept S. 42)*
*Salz · Pfeffer*
*flüssiger Süßstoff*
*1 Bund Kerbel*

**1** Den Spargel schälen und die holzigen Enden abschneiden. In einem breiten Topf 200 ml Wasser mit 20 g Butter, etwas Salz und Süßstoff aufkochen. Die Spargelstangen in den Fond legen und in etwa 15 Minuten weich kochen.

**2** Den Spargel aus dem Topf nehmen und in kaltem Wasser abschrecken. Die Spargelköpfe abschneiden und beiseite legen, die restlichen Stangen schräg in Stücke schneiden.

**3** Traubenkernöl, Essig und Geflügelbrühe zu einer Vinaigrette verrühren. Mit Salz, Pfeffer und etwas Süßstoff würzen. Kerbel waschen und trockenschütteln. Die Blättchen abzupfen, fein hacken und unterrühren. Spargelstücke mit dem Dressing mischen und auf Tellern anrichten.

**4** Die Poulardenbrustfilets waschen und trockentupfen. Mit Salz und Pfeffer würzen. Eiweiß leicht schaumig schlagen. Die Filets zunächst im Eiweiß, dann in den Sesamsamen wenden. Öl und restliche Butter in einer Pfanne erhitzen und die Poulardenbrüste darin goldbraun braten, wenden und fertig braten. Aus der Pfanne nehmen, der Länge nach in Scheiben schneiden und auf dem Spargelsalat anrichten. Die Tomate überbrühen, häuten, halbieren und entkernen. Die Hälften in Würfel schneiden. Tomatenwürfel über den Salat geben.

**TIPP:** *Anstelle der Poularde können Sie auch anderes Geflügelfleisch verwenden, z. B. Perlhuhn- oder Hähnchenbrust.*

*593 kcal/2481 kJ · 32 g EW · 50 g F · 6 g KH · 84 mg Cholesterin · 0 BE*

# Ricotta-Spinat-Taschen

*500 g junger Spinat*
*1 Schalotte*
*1 EL Olivenöl*
*1 Knoblauchzehe*
*Salz · Pfeffer*
*8 Blätter Filo-Teig*
*200 g Ricotta · 20 g flüssige Butter · 2 Tomaten*
*½ Kopf Friséesalat*
*Limettenvinaigrette (siehe Rezept S. 25)*

1 Den Spinat verlesen, waschen und gut abtropfen lassen. Schalotte schälen und fein hacken. Das Olivenöl in einer Pfanne erhitzen und die Schalotten darin andünsten. Den Knoblauch schälen und dazupressen. Spinat dazugeben und zusammenfallen lassen. Mit Salz und Pfeffer würzen und abkühlen lassen.

2 Backofen auf 180 °C vorheizen. Den Filo-Teig ausbreiten und mit einem Glas Kreise (à 8 cm Durchmesser) ausstechen. Spinat und Ricotta mischen und jeweils auf die obere Hälfte der Teigkreise verteilen. Untere Teighälfte und den Rand dünn mit flüssiger Butter bestreichen. Untere Teighälfte über die Füllung schlagen und am Rand gut festdrücken. Im Backofen in etwa 20 Minuten goldgelb backen.

3 Tomaten halbieren, entkernen und in Streifen schneiden. Den Salat putzen, zerteilen, waschen und trockenschütteln. Mit den Tomatenfilets und der Limettenvinaigrette mischen und auf Teller verteilen. Die Spinat-Taschen darauf anrichten.

*175 kcal/730 kJ · 9 g EW · 12 g F · 7 g KH · 47 mg Cholesterin · 0 BE*

# Gurkensalat mit Gambas

*1 Salatgurke*
*2 EL Pflanzenöl*
*Salz · Pfeffer*
*1 Bund Schnittlauch*
*¼ Knoblauchzehe*
*1 kleine Chilischote*
*4 EL Traubenkernöl*
*2 TL Champagneressig*
*2 TL Geflügelbrühe (siehe Rezept S. 42)*
*Salz · Pfeffer*
*flüssiger Süßstoff*
*12 Gambas*

1 Die Gurke schälen, halbieren, vom Kerngehäuse befreien und in feine Streifen schneiden. 1 EL Öl in einer Pfanne erhitzen und die Gurkenstreifen darin kurz anbraten. In eine Schüssel geben, salzen, pfeffern und zudecken.

2 Schnittlauch waschen, trockenschütteln und in feine Röllchen schneiden. Knoblauch und Chilischote fein hacken. Schnittlauch, Knoblauch und Chili mit den Gurkenstreifen mischen.

3 Traubenkernöl, Champagneressig und Geflügelbrühe zu einer Vinaigrette verrühren. Mit Salz, Pfeffer und etwas Süßstoff würzen. Die Vinaigrette über die Gurkenstreifen träufeln.

4 Gambas aus der Schale brechen und den Darmstrang entfernen. Abbrausen, trockentupfen und leicht salzen. Das restliche Öl erhitzen und die Gambas darin von beiden Seiten goldbraun braten. Auf dem lauwarmen Gurkensalat anrichten.

*227 kcal/954 kJ · 12 g EW · 19 g F · 3 g KH · 87 mg Cholesterin · 0 BE*

# Bohnensalat mit Kalbsleber

*250 g Kenia-Bohnen*
*Salz*
*2 kleine rote Zwiebeln*
*8 EL Olivenöl*
*2 EL Aceto Balsamico*
*2 TL Geflügelbrühe*
*(siehe Rezept S. 42)*
*Pfeffer*
*240 g Kalbsleber*
*1 TL Butter*
*4 Champignons*

1 Die Bohnen putzen. Reichlich Salzwasser zum Kochen bringen und die Bohnen darin 2 bis 3 Minuten blanchieren. Abgießen und kalt abschrecken. Die roten Zwiebeln schälen, in feine Scheiben schneiden und ebenfalls kurz blanchieren. Herausnehmen und trockentupfen.

2 Für die Vinaigrette 6 EL Olivenöl, Essig und Geflügelbrühe verrühren. Mit Salz und Pfeffer würzen. Bohnen und Zwiebeln mit der Vinaigrette vermischen und auf Teller verteilen.

3 Kalbsleber in dünne Scheiben schneiden. 2 EL Olivenöl und die Butter in einer Pfanne aufschäumen und die Leber darin kurz von beiden Seiten bräunen, salzen.

4 Die Leber auf dem Bohnensalat anrichten. Champignons putzen, in feine Scheiben schneiden und darüber verteilen.

*171 kcal/714 kJ · 14 g EW · 10 g F · 6 g KH · 228 mg Cholesterin · 0 BE*

# Rinderfiletscheiben auf Spinat

*je ½ rote und gelbe Paprika*
*5 EL Olivenöl*
*Saft von 2 Zitronen*
*5 EL Geflügelbrühe*
*(siehe Rezept S. 42)*
*Salz · Pfeffer*
*250 g junger Spinat*
*300 g Rinderfilet*
*1 Tomate*
*8 Basilikumblättchen*

1 Für die Vinaigrette die Paprikaschoten putzen und die Kerngehäuse entfernen. Die Schoten waschen und in sehr kleine Würfel schneiden. 4 EL Olivenöl, Zitronensaft und Geflügelbrühe verrühren und mit Salz und Pfeffer würzen. Die Paprikawürfel in die Vinaigrette geben.

2 Spinat verlesen, waschen und sehr gut abtropfen lassen. Das Rinderfilet in dünne Scheiben schneiden, mit Salz und Pfeffer würzen. 1 EL Olivenöl in einer Pfanne erhitzen und die Rinderfiletscheiben darin auf beiden Seiten bei starker Hitze anbraten. Spinat mit einem Teil der Paprikavinaigrette mischen und kreisförmig auf Tellern anrichten. Die Rinderfiletscheiben darauf geben und mit der restlichen Vinaigrette beträufeln.

3 Die Tomate überbrühen, häuten, halbieren und entkernen. Die Hälften in Würfel schneiden. Basilikumblättchen in feine Streifen schneiden. Tomatenwürfel und Basilikumstreifen über das Rinderfilet streuen.

*302 kcal/1266 kJ · 24 g EW · 20 g F · 6 g KH · 62 mg Cholesterin · 0 BE*

# Suppen

(VON BOHNENSUPPE BIS ZITRONENGRASESSENZ)

# Geflügelbrühe

*1 Zwiebel*
*1 Lorbeerblatt*
*7 Gewürznelken*
*500 g Geflügelknochen*
*1 EL Pfefferkörner*
*Salz*
*1 Selleriestange*
*½ Lauchstange*
*100 g Knollensellerie*
*2–3 Petersilienstiele*

**1** Die Zwiebel schälen und halbieren. Mit dem Lorbeerblatt und den Gewürznelken spicken.

**2** Die Geflügelknochen kalt abspülen. 1 ½ l Wasser in einen Topf geben. Die Knochen in das kalte Wasser geben und langsam zum Kochen bringen. Den aufsteigenden Schaum abschöpfen. Die Pfefferkörner und die gespickte Zwiebel hinzufügen. Brühe mit Salz würzen und etwa 1 Stunde leise köcheln lassen.

**3** Selleriestange und Lauch putzen und waschen, den Knollensellerie schälen. Nach etwa 1 Stunde Kochzeit das Gemüse und die Petersilie in den Topf geben und nochmals 1 ½ Stunden köcheln lassen. Anschließend die Brühe durch ein feines Sieb abgießen.

**TIPP:** *Für eine fettarme Brühe lassen Sie die fertig gegarte Geflügelbrühe vollständig abkühlen und schöpfen dann die Fettschicht ab.*

77 kcal/321 kJ · 6 g EW · 5 g F · 2 g KH · 19 mg Cholesterin · 0 BE

# Rinderbrühe

*500 g Rinderknochen*
*1 Zwiebel*
*1 EL schwarze Pfefferkörner*
*Salz*
*½ Möhre*
*100 g Knollensellerie*
*½ Lauchstange*
*2–3 Petersilienstiele*

**1** In einem Topf reichlich Wasser aufkochen. Die Rinderknochen im kochenden Wasser blanchieren, abgießen und abwaschen. Den Topf auf der Kochplatte stark erhitzen. Die Zwiebel halbieren, mit den Schnittflächen nach unten in den Topf geben und rösten. Herausnehmen und beiseite legen. 2 l kaltes Wasser angießen, die Knochen hineingeben und aufkochen. Die Pfefferkörner hinzufügen. Brühe mit etwas Salz würzen und etwa 2 Stunden köcheln lassen.

**2** Möhre und Knollensellerie schälen. Lauch putzen. Gemüse, Petersilie und die geröstete Zwiebel in den Topf geben und nochmals 1 Stunde kochen. Die Brühe durch ein feines Sieb abgießen.

**TIPP:** *Am besten kochen Sie ein Stück Tafelspitz oder Ochsenbrust mit, dann wird die Brühe kräftiger.*

55 kcal/229 kJ · 6 g EW · 2 g F · 2 g KH · 17 mg Cholesterin · 0 BE

# Fischfond

*2 Schalotten*
*½ Selleriestange*
*½ Lauchstange*
*½ Fenchelknolle*
*½ Zitrone (unbehandelt)*
*50 g Butter*
*300 g Fischkarkassen (z. B. von Zander, Seezunge oder Steinbutt)*
*je 3–4 Petersilien- und Dillstiele · 1 Lorbeerblatt*
*1 Thymianzweig*
*1 EL schwarze Pfefferkörner · Salz*
*100 ml Weißwein*

**1** Schalotten schälen und in Würfel schneiden. Selleriestange, Lauch und Fenchelknolle putzen und in Würfel schneiden. Zitrone schälen und das Fruchtfleisch ebenfalls in Würfel schneiden.

**2** Fischkarkassen kalt abspülen und klein schneiden. Butter in einem Topf schmelzen und die Karkassen darin leicht anbraten. Gemüse, Petersilie, Dill, Lorbeerblatt und Thymian hinzufügen. Die Pfefferkörner dazugeben und alles mit etwas Salz würzen. Mit dem Weißwein ablöschen.

**3** So viel Wasser angießen, dass alles gerade bedeckt ist, und langsam aufkochen. Den aufsteigenden Schaum abschöpfen. Fond etwa 25 Minuten ziehen lassen. Der Fond darf nicht kochen, da er sonst trüb wird. Fischfond vorsichtig durch ein feines Sieb abgießen.

**TIPP:** *Den Fischfond können Sie auf Vorrat zubereiten und portionsweise, z. B. in Eiswürfelbehältern, einfrieren.*

146 kcal/611 kJ · 6 g EW · 11 g F · 3 g KH · 30 mg Cholesterin · 0 BE

# Zitronengrasessenz

*2 Eiweiß · Salz*
*200 g Rinderwade (vom Metzger wie Hackfleisch durchdrehen lassen)*
*6 Stangen Zitronengras*
*½ Bund Koriander*
*1 l Geflügelbrühe (siehe Rezept S. 42)*

**1** Eiweiß leicht schaumig schlagen. Den Eischnee mit etwas Salz und dem Fleisch gut vermischen. Das Zitronengras vierteln und mit dem Messerrücken leicht zerdrücken. Korianderblättchen abzupfen. Zitronengras mit den ganzen Korianderstielen unter das Fleisch rühren.

**2** Die Fleischmasse in einen Topf geben und die kalte Geflügelbrühe angießen. Alles unter ständigem Rühren aufkochen. Vom Herd nehmen und 2 bis 3 Stunden ziehen lassen, damit das Fleisch sein Aroma in die Essenz abgeben kann.

**3** Brühe durch ein sauberes Mulltuch abgießen und mit den gehackten Korianderblättchen bestreut servieren.

61 kcal/257kJ · 7 g EW · 2 g F · 3 g KH · 19 mg Cholesterin · 0 BE

# Klare Tomatenessenz

*3 Eiweiß*
*2–3 Estragonstiele*
*200 g Rinderwade (vom Metzger wie Hackfleisch durchdrehen lassen)*
*150 g Gemüsewürfel (Möhre, Lauch, Sellerie)*
*Salz · 1 EL Tomatenmark*
*1 Zwiebel*
*1 l Rinderbrühe (siehe Rezept S. 42)*
*3 Tomaten*
*½ Bund Basilikum*

**1** Eiweiß leicht schaumig schlagen. Estragon waschen und die Blättchen fein hacken. Das Fleisch mit dem Eischnee, den Gemüsewürfeln, dem gehackten Estragon und etwas Salz gut vermischen. Tomatenmark unterrühren.

**2** Die Zwiebel halbieren. Mit den Schnittflächen nach unten in einen Topf geben und rösten. Herausnehmen und beiseite legen.

**3** Die Fleischmasse in den Topf geben und die kalte Rinderbrühe angießen. Die geröstete Zwiebel hinzufügen. Alles unter ständigem Rühren aufkochen. Vom Herd nehmen und 3 bis 4 Stunden ziehen lassen. Brühe durch ein Sieb abgießen und kalt stellen. Wenn die Brühe abgekühlt ist, das fest gewordene Fett entfernen.

**4** Tomaten überbrühen, häuten, halbieren und entkernen. Die Hälften in Würfel schneiden. Basilikum waschen, die Blättchen abzupfen und in feine Streifen schneiden. Die Essenz erwärmen und mit Tomatenwürfeln, Basilikumstreifen und nach Belieben mit etwas Selleriegrün anrichten.

*105 kcal/440 kJ · 10 g EW · 5 g F · 5 g KH · 26 mg Cholesterin · 0 BE*

# Curry-Zucchini-Suppe

*2 mittelgroße Zucchini*
*½ Lauchstange*
*½ Selleriestange*
*2 Schalotten*
*¼ Apfel · 70 g Butter*
*¼ Knoblauchzehe*
*1 TL Currypulver*
*1 TL Kurkuma*
*600 ml Geflügelbrühe*
*(siehe Rezept S. 42)*
*200 ml Milch*
*Salz · Pfeffer*
*1 TL Zitronensaft*

**1** Zucchini, Lauch und Stangensellerie putzen und waschen. Zucchini, Sellerie und das Weiße vom Lauch in feine Scheiben schneiden. Schalotten schälen und ebenfalls in dünne Scheiben schneiden. Apfel schälen, entkernen und klein schneiden.

**2** 50 g Butter schmelzen und die Schalotten darin andünsten. Sellerie, Lauch, den Apfel und die Zucchini – bis auf einige Scheiben zum Garnieren – hinzufügen. Knoblauch durch die Presse dazudrücken. Mit Curry und Kurkuma bestäuben. Die Geflügelbrühe angießen und etwa 15 Minuten köcheln lassen.

**3** Die Milch angießen und alles einmal aufkochen. Zucchinisuppe mit dem Stabmixer pürieren und durch ein Sieb passieren. Mit Salz, Pfeffer und Zitronensaft abschmecken.

**4** Die restliche Butter schmelzen und die zur Seite gelegten Zucchinischeiben darin von beiden Seiten goldbraun braten. Die Zucchinischeiben mit Küchenpapier abtupfen und in der Suppe anrichten. Nach Belieben mit Zitronengras garnieren.

*203 kcal/847 kJ · 7 g EW · 16 g F · 8 g KH · 47 mg Cholesterin · 0 BE*

# Möhren-Orangen-Suppe

*3 Schalotten*
*40 g Butter*
*500 g Möhren · Salz*
*600 ml Geflügelbrühe (siehe Rezept S. 42)*
*1 Orange (unbehandelt)*
*150 g Sahne*
*8 Minzeblättchen*

**1** Schalotten schälen und in Scheiben schneiden. Die Butter in einem Topf zerlassen und die Schalotten darin andünsten. Die Möhren schälen und in Scheiben schneiden. In den Topf geben, salzen und die Geflügelbrühe angießen. 15 Minuten mit geschlossenem Deckel köcheln lassen.

**2** Die Orangenschale fein abreiben. Orange auspressen. Die Sahne, Orangensaft und -schale in die Suppe geben und aufkochen. Mit dem Stabmixer pürieren und durch ein feines Sieb gießen. Minzeblättchen in feine Streifen schneiden und die Suppe damit bestreuen.

*280 kcal/1180 kJ · 6 g EW · 23 g F · 12 g KH · 69 mg Cholesterin · 0 BE*

# Kürbiscremesuppe

*200 g Kürbisfleisch*
*Salz · 1 TL Paprikapulver (edelsüß)*
*½ TL Kümmel*
*2 Schalotten*
*1 kleine Möhre*
*1 mittelgroße Kartoffel*
*½ Selleriestange*
*½ Lauchstange*
*20 g Speck*
*5 EL Olivenöl*
*1 TL Tomatenmark*
*600 ml Geflügelbrühe (siehe Rezept S. 42)*
*4 ausgelöste Gambas*
*Pfeffer*

**1** Am Vortag das Kürbisfleisch auf einer Gemüsereibe fein raspeln. Mit etwas Salz, dem Paprikapulver und dem gehackten Kümmel vermengen und über Nacht durchziehen lassen.

**2** Schalotten schälen und in Scheiben schneiden. Möhre und Kartoffel schälen und in Würfel schneiden. Selleriestange und Lauch putzen, waschen und ebenfalls in Würfel schneiden. Speck in kleine Würfel schneiden.

**3** In einem Topf 2 EL Olivenöl erhitzen. Die Schalottenscheiben darin glasig dünsten. Den Speck und die Gemüsewürfel dazugeben. Zuletzt den leicht ausgedrückten Kürbis hinzufügen. Das Tomatenmark unterrühren und die Geflügelbrühe angießen. Etwa 30 Minuten köcheln lassen.

**4** Gambas vierteln. Restliches Olivenöl in einer Pfanne erhitzen und die Gambas darin anbraten. Kürbissuppe durch ein feines Sieb streichen und mit Salz und Pfeffer abschmecken. Mit dem Stabmixer kurz aufschäumen und mit den Gambastücken servieren.

**TIPP:** *Sie können die Suppe mit einem Löffel geschlagener Sahne verfeinern.*

*267 kcal/1118 kJ · 11 g EW · 21 g F · 9 g KH · 53 mg Cholesterin · 0 BE*

# Topinamburcreme

*2 Schalotten*
*1 Selleriestange*
*½ Lauchstange*
*500 g Topinambur*
*30 g Butter*
*50 g durchwachsener Speck*
*Salz · Pfeffer*
*600 ml Rinderbrühe* *(siehe Rezept S. 42)*
*¼ l Milch*
*1 TL Zitronensaft*

**1** Schalotten schälen und in Scheiben schneiden. Selleriestange und das Weiße vom Lauch putzen und in Scheiben schneiden. Topinambur schälen und ebenfalls in Scheiben schneiden.

**2** Butter in einem Topf schmelzen. Speck in Würfel schneiden und darin auslassen. Schalotten, Sellerie- und Lauchscheiben hinzufügen. Topinambur in den Topf geben. Mit Salz und Pfeffer würzen und die Rinderbrühe angießen. 25 Minuten leise köcheln lassen.

**3** Die Milch angießen und die Suppe nochmals aufkochen. Suppe durch ein feines Sieb streichen. Mit dem Stabmixer kurz aufschäumen und nochmals mit Salz und Pfeffer abschmecken. Mit Zitronensaft verfeinern.

**TIPP:** *Topinambur sollte häufiger auf Ihrem Speiseplan stehen, da die Knolle viel Inulin enthält – ein Kohlenhydrat, das den Blutzucker nicht beeinflusst.*

225 kcal/941 kJ · 10 g EW · 15 g F · 11 g KH · 42 mg Cholesterin · 0 BE

# Kokosmilchsuppe mit Gambas

*30 g frischer Ingwer*
*2 Chilischoten*
*1 Bund Koriander*
*2 Limetten*
*300 ml Geflügelbrühe* *(siehe Rezept S. 42)*
*300 ml ungesüßte Kokosmilch · Salz*
*8 ausgelöste Gambas*
*40 g Butter*
*60 g Kokosnussfleisch*

**1** Ingwer schälen und fein reiben. Chilischoten entkernen und in feine Streifen schneiden. Korianderblättchen hacken. Limetten auspressen.

**2** Geflügelbrühe und Kokosmilch in einem Topf aufkochen. Ingwer, Chili, Koriander und Limettensaft dazugeben. Mit Salz abschmecken.

**3** Die Gambas in Stücke schneiden. Butter in einer Pfanne schmelzen und die Gambas darin unter Wenden anbraten. Herausnehmen, etwas abkühlen lassen und trockentupfen.

**4** Das Kokosnussfleisch auf dem Gemüsehobel in feine Scheiben schneiden und in die Suppe geben. Die Gambas auf Teller verteilen und die Suppe darüber gießen.

**TIPP:** *Diese Suppe können Sie statt mit Gambas auch mit knusprig gebratenen Hähnchenfleischstreifen zubereiten.*

239 kcal/1001 kJ · 12 g EW · 18 g F · 7 g KH · 90 mg Cholesterin · 0 BE

# Maissuppe mit Hähnchenbrust

*1 rote Paprika*
*6 Maiskolben (oder 500 g Maiskörner aus der Dose)*
*2 Schalotten*
*4 EL Olivenöl*
*½ Knoblauchzehe*
*Salz · Pfeffer*
*600 ml Geflügelbrühe (siehe Rezept S. 42)*
*2 Hähnchenbrustfilets (à 100–120 g)*
*100 g Sahne*

**1** Backofen auf 160 °C vorheizen. Die Paprikaschote putzen, waschen und halbieren. Die Hälften mit der Hautseite nach oben auf ein geöltes Backblech legen. Im Ofen garen, bis die Haut Blasen wirft. Herausnehmen, mit einem nassen Küchentuch bedecken und abkühlen lassen. Die Schoten häuten und in Streifen schneiden.

**2** Die Maiskörner mit einem Messer von den Kolben schneiden bzw. Maiskörner aus der Dose abtropfen lassen. Schalotten schälen und in kleine Würfel schneiden. 2 EL Olivenöl in einem Topf erhitzen. Knoblauchzehe in Scheiben schneiden und mit den Schalotten darin andünsten. Die Maiskörner hinzufügen, salzen, pfeffern und die Brühe angießen. Etwa 12 Minuten köcheln lassen, bis der Mais weich ist.

**3** Hähnchenbrustfilets waschen, trockentupfen, salzen und pfeffern. Restliches Olivenöl erhitzen und das Fleisch darin bei mittlerer Hitze von beiden Seiten goldbraun braten. Herausnehmen, abkühlen lassen und in Streifen schneiden.

**4** Die Sahne in die Suppe geben und aufkochen. Durch ein feines Sieb abgießen und mit dem Stabmixer aufschäumen. Paprika- und Hähnchenstreifen auf Suppenteller verteilen und mit der heißen Maissuppe übergießen.

*422 kcal/1766 kJ · 19 g EW · 26 g F · 29 g KH · 67 mg Cholesterin · 1 ½ BE*

# Geeiste Blumenkohlsuppe

*2 Schalotten*
*2 Champignons*
*1 Selleriestange*
*1 EL Butter*
*½ Blumenkohl*
*Salz · Pfeffer*
*½ l Geflügelbrühe (siehe Rezept S. 42)*
*100 g Sahne*
*Saft von ½ Zitrone*

**1** Schalotten schälen und in Scheiben schneiden. Champignons und Selleriestange putzen und ebenfalls in Scheiben schneiden. Butter in einem Topf schmelzen und das Gemüse darin andünsten.

**2** Den Blumenkohl putzen, waschen und in Scheiben schneiden. Dabei einige Röschen zum Garnieren beiseite legen. Den Strunk und die restlichen Röschen zum Gemüse geben und andünsten. Mit Salz und Pfeffer würzen. Die Geflügelbrühe angießen und um ein Drittel einkochen. Die Sahne dazugeben. Blumenkohlsuppe mit dem Stabmixer pürieren und durch ein Sieb passieren. Mit Zitronensaft abschmecken und kalt stellen.

**3** Die restlichen Blumenkohlröschen in Salzwasser garen. Suppe vor dem Servieren nochmals mit dem Stabmixer aufschäumen und mit den Röschen servieren.

*197 kcal/824 kJ · 8 g EW · 15 g F · 7 g KH · 49 mg Cholesterin · 0 BE*

# Polentacremesuppe mit Steinpilzen

*800 ml Geflügelbrühe*
*(siehe Rezept S. 42)*
*Salz*
*2–3 Thymianzweige*
*1 Knoblauchzehe*
*1 EL schwarze Pfefferkörner*
*1 Lorbeerblatt*
*1 Zwiebel*
*2 EL Olivenöl*
*100 g Maisgrieß*
*100 g Sahne*
*6 frische Steinpilze*
*Pfeffer*

**1** Die Geflügelbrühe aufkochen und mit etwas Salz würzen. Den Thymian, die Knoblauchzehe, die Pfefferkörner und das Lorbeerblatt hinzufügen.

**2** Die Zwiebel schälen und in feine Scheiben schneiden. 1 EL Olivenöl in einer Pfanne erhitzen, die Zwiebelscheiben darin goldgelb anbraten und in den Fond geben. Etwa 30 Minuten bei schwacher Hitze ziehen lassen.

**3** Fond durch ein feines Sieb abgießen und aufkochen. Den Grieß unter ständigem Rühren dazugeben, 10 Minuten quellen lassen. Die Sahne dazugießen, die Suppe aufkochen und durch ein Sieb passieren. Mit dem Stabmixer kurz aufschäumen.

**4** Die Steinpilze putzen und in Scheiben schneiden. Restliches Olivenöl erhitzen und die Pilze darin bei starker Hitze kurz anbraten. Mit Salz und Pfeffer würzen und in der Suppe anrichten.

**TIPP:** *Falls Sie keine Steinpilze bekommen, können Sie diese Suppe auch mit Austernpilzen zubereiten. In große Stücke geschnitten und in etwas Butter angebraten schmecken sie fast wie eine zarte Fleischeinlage.*

275 kcal/1150 kJ · 8 g EW · 17 g F · 21 g KH · 38 mg Cholesterin · 2 BE

# Bohnensuppe mit Pesto

**FÜR DIE SUPPE:**

*150 g getrocknete weiße Bohnen*
*1 Schalotte*
*1 Thymianzweig*
*1 Lorbeerblatt*
*Salz · 1 Lauchstange*
*200 g grüne Bohnen*
*4 Tomaten*
*1 Zucchini*

**FÜR DAS PESTO:**

*1 Knoblauchzehe*
*25 g Parmesan*
*1 Bund Basilikum*
*3 EL Olivenöl*
*1 EL Pinienkerne*
*Salz · Pfeffer*

**1** Am Vortag die Bohnen in eine Schüssel geben, mit reichlich kaltem Wasser bedecken und über Nacht einweichen.

**2** Am nächsten Tag 1 ½ l Wasser in einem Topf aufkochen. Schalotte schälen. Die Bohnen abgießen und mit dem Thymian, der Schalotte und dem Lorbeerblatt in das kochende Wasser geben. Etwa 30 Minuten leicht köcheln lassen, bis die Bohnen weich sind. Mit etwas Salz würzen. Schalotte, Thymian und Lorbeerblatt entfernen.

**3** Den Lauch putzen, waschen und in Rauten schneiden. Die grünen Bohnen putzen, waschen und klein schneiden. In den Topf geben und alles etwa 10 Minuten köcheln lassen.

**4** Tomaten überbrühen, häuten, entkernen und in kleine Würfel schneiden. Zucchini putzen, waschen und ebenfalls in Würfel schneiden. Beides in die Suppe geben und so lange köcheln lassen, bis das Gemüse weich ist.

**5** Für das Pesto den Knoblauch schälen und fein hacken. Den Parmesan fein reiben. Basilikum waschen, trockenschütteln und die Blätter klein schneiden. Basilikumblätter mit Olivenöl, Pinienkernen, Knoblauch und Parmesan im Blitzhacker zu einer glatten Creme verarbeiten. Mit Salz und Pfeffer würzig abschmecken. Die Suppe anrichten und mit Pesto beträufeln.

**TIPP:** *Sie können die Zutaten für das Pesto auch variieren: Verwenden Sie z. B. Rucola anstelle von Basilikum oder ersetzen Sie die Pinienkerne durch Walnüsse.*

*245 kcal/1026 kJ · 13 g EW · 12 g F · 21 g KH · 5 mg Cholesterin · 1 BE*

# Kleine Gerichte

(VON ARTISCHOCKEN BIS ZIEGENKÄSE IM ZUCCHINIMANTEL)

# Gebackenes Pilz-Gemüse-Säckchen mit Safranvinaigrette

*10 Champignons*
*je 100 g Steinpilze und Pfifferlinge*
*½ Lauchstange*
*2 Schalotten*
*1 EL Butter*
*Salz · Pfeffer*
*4 Blätter Filo-Teig*
*8 Schnittlauchhalme*

FÜR DIE VINAIGRETTE:

*2 TL Estragonessig*
*2 EL Geflügelbrühe (siehe Rezept S. 42)*
*4 EL Olivenöl*
*Salz · Pfeffer*
*8 Safranfäden*

**1** Die Pilze putzen und fein hacken. Den Lauch putzen, waschen und in kleine Würfel schneiden. Schalotten schälen und in kleine Würfel schneiden. Die Butter in einer Pfanne erhitzen. Schalotten, Lauch und Pilze darin unter gelegentlichem Wenden dünsten, bis die gesamte Flüssigkeit verdampft ist. Mit Salz und Pfeffer abschmecken und abkühlen lassen.

**2** Backofen auf 180 °C vorheizen. Filo-Teig auslegen und mit einem runden Ausstecher oder einem Glas acht kreisförmige Teigplatten (à 10 cm Durchmesser) ausstechen und auf ein mit Backpapier ausgelegtes Backblech setzen.

**3** Die abgekühlte Pilzmasse auf den Teigplatten verteilen. Den Teig nach oben schlagen und die Säckchen mit Küchengarn zusammenbinden. Im Ofen 5 Minuten backen.

**4** Estragonessig, Geflügelbrühe, Olivenöl, Salz und Pfeffer zu einer Vinaigrette verrühren. Die Safranfäden unterrühren.

**5** Die Säckchen aus dem Ofen nehmen und das Küchengarn entfernen. Die Säckchen stattdessen mit den Schnittlauchhalmen zubinden. Mit der Vinaigrette servieren.

**TIPP:** *Die Safranfäden lösen sich besser in der Vinaigrette auf, wenn man sie zuvor kurz in der Geflügelbrühe aufkocht und diese dann abkühlen lässt. Besonders dekorativ sehen die Pilz-Gemüse-Säckchen aus, wenn Sie sie auf einigen dünnen Champignonscheiben anrichten.*

*208 kcal/872 kJ · 4 g EW · 18 g F · 7 g KH · 32 mg Cholesterin · 0 BE*

# Pasticcio mit Spinat

**FÜR DEN NUDELTEIG:**

*115 g Mehl · Salz*

*60 g Hartweizengrieß*

*1 EL Olivenöl*

*5 Eigelb · 1 Ei*

*20 g geschmolzene Butter*

**AUSSERDEM:**

*15 g Butter · 20 g Mehl*

*¼ l Milch*

*Salz · Pfeffer*

*Muskatnuss*

*1 Schalotte*

*2 Knoblauchzehen*

*1 kg reife Tomaten*

*2 EL Olivenöl*

*5 EL Gemüsebrühe*

*200 g junger Spinat*

*150 g Mozzarella*

*50 g Parmesan*

**1** Für den Nudelteig das Mehl, etwas Salz und den Grieß auf ein Brett häufen. In die Mitte eine Mulde drücken, Olivenöl, Eigelb und das Ei hineingeben. Eier mit etwas Mehl verquirlen und etwa 50 ml Wasser zugeben. Mit den Händen so lange durchkneten, bis ein glatter Teig entsteht. Den Teig 30 Minuten ruhen lassen.

**2** Eine rechteckige Auflaufform mit 20 g geschmolzener Butter ausstreichen. Den Nudelteig ausrollen und in vier Stücke in der Größe der Form schneiden. Teigplatten kurz in Salzwasser vorkochen. Herausnehmen, kalt abschrecken und auf ein geöltes Backblech legen.

**3** Für die Béchamelsauce die Butter schmelzen und das Mehl einrühren. Die Milch angießen und unter Rühren etwa 10 Minuten köcheln lassen. Mit Salz, Pfeffer und Muskatnuss würzen.

**4** Für die Tomatensauce die Schalotte und eine Knoblauchzehe schälen und fein hacken. Tomaten überbrühen, häuten und entkernen. Vier Tomaten vierteln und beiseite legen, die restlichen in kleine Würfel schneiden. 1 EL Olivenöl in einem Topf erhitzen, Schalotten und Knoblauch darin andünsten. Die Tomatenwürfel zugeben, die Brühe angießen und einkochen lassen. Mit Salz und Pfeffer würzen.

**5** Den Spinat sorgfältig verlesen, waschen und gut abtropfen lassen. Das restliche Olivenöl in einer Pfanne erhitzen, die zweite Knoblauchzehe durch die Presse dazudrücken. Spinat dazugeben und zusammenfallen lassen. Mit Salz und Pfeffer würzen.

**6** Backofen auf 180 °C vorheizen. Als unterste Schicht das erste Nudelblatt in die Auflaufform geben. Jeweils Tomaten- und Béchamelsauce, Spinat, Tomatenstücke und den in kleine Würfel geschnittenen Mozzarella hineinschichten. Das letzte Nudelblatt mit Béchamelsauce bestreichen. Den Parmesan fein reiben und darüber streuen. Im Ofen in etwa 25 Minuten goldbraun backen.

**TIPP:** *Diesen Auflauf kann man auch mit anderen Gemüsesorten füllen, z. B. mit Zucchini oder Auberginen.*

*639 kcal/2677 kJ · 28 g EW · 38 g F · 45 g KH · 412 mg Cholesterin · 4 BE*

# Cannelloni mit Topinambur

**FÜR DEN NUDELTEIG:**

*115 g Mehl · Salz*

*60 g Hartweizengrieß*

*1 EL Olivenöl*

*5 Eigelb · 1 Ei*

**FÜR DIE FÜLLUNG:**

*300 g Topinambur*

*Salz · 1 EL Butter*

*etwas warme Milch*

*Pfeffer · Muskatnuss*

*Butter für die Form*

*5 EL Rinderbrühe (siehe Rezept S. 42)*

*1 EL geriebener Parmesan*

**FÜR DAS PESTO:**

*1 Bund Basilikum*

*30 g Parmesan*

*1 Knoblauchzehe*

*5 EL Olivenöl · Salz*

*1 TL Pinienkerne*

**1** Für den Nudelteig das Mehl, etwas Salz und den Grieß auf ein Brett häufen. In die Mitte eine Mulde drücken, Olivenöl, Eigelb und das Ei hineingeben. Eier mit etwas Mehl verquirlen und etwa 50 ml Wasser zugeben. Mit den Händen so lange durchkneten, bis ein glatter Teig entsteht. Den Teig 30 Minuten ruhen lassen.

**2** Die Topinambur schälen und in Salzwasser weich kochen. Durch die Kartoffelpresse drücken und mit der Butter und etwas warmer Milch zu einer festen Masse verarbeiten. Mit Salz, Pfeffer und Muskatnuss abschmecken.

**3** Den Nudelteig auf der bemehlten Arbeitsfläche ausrollen und in etwa 5 cm breite Streifen schneiden. In Salzwasser kurz blanchieren und kalt abschrecken. Auf einem Küchentuch auslegen und trockentupfen.

**4** Topinamburpüree mit einem Spritzbeutel oder Löffel auf den Teig geben und die Nudelbahn aufrollen. Die Rolle in 6 bis 8 cm lange Stücke schneiden.

**5** Backofen auf 180 °C vorheizen. Eine ofenfeste Form mit Butter ausstreichen und mit der Brühe ausgießen. Die Cannelloni hineinsetzen und mit Parmesan bestreuen. Im Ofen in etwa 10 Minuten goldgelb backen.

**6** Für das Pesto Basilikum waschen und trockenschütteln. Die Blätter abzupfen und klein schneiden. Den Parmesan in kleine Stücke schneiden, den Knoblauch schälen und fein hacken. Basilikumblätter, Parmesan und Knoblauch mit dem Olivenöl, etwas Salz und den Pinienkernen im Blitzhacker zu einer glatten Creme verarbeiten. Über die fertig gebackenen Cannelloni geben.

**TIPP:** *Das Pesto eignet sich auch sehr gut als Sauce zu diversen Fisch- und Fleischgerichten. Geben Sie beim Zubereiten etwas Crash-Eis zu – so bleibt die frische grüne Farbe des Basilikums erhalten.*

*530 kcal/2218 kJ · 17 g EW · 36 g F · 35 g KH · 396 mg Cholesterin · 3 BE*

# Ravioli mit Kabeljau

**FÜR DEN NUDELTEIG:**

*115 g Mehl · Salz*
*60 g Hartweizengrieß*
*1 EL Olivenöl*
*6 Eigelb · 1 Ei*

**FÜR DIE FÜLLUNG:**

*1 Tomate · 1 Schalotte*
*½ Lauchstange*
*200 g Kabeljaufilet*
*2 TL Olivenöl · Salz*
*Pfeffer · 100 g Sahne*
*2 EL Zitronensaft*
*1 Bund Petersilie*

**1** Für den Nudelteig das Mehl, etwas Salz und den Grieß auf ein Brett häufen. In die Mitte eine Mulde drücken, Olivenöl, 5 Eigelb und das Ei hineingeben. Eier mit etwas Mehl verquirlen und etwa 50 ml Wasser zugeben. Mit den Händen so lange durchkneten, bis ein glatter Teig entsteht. Den Teig 30 Minuten ruhen lassen.

**2** Tomate überbrühen, häuten, halbieren, entkernen und klein schneiden. Schalotte schälen und in kleine Würfel schneiden. Lauch putzen, waschen und ebenso wie das Kabeljaufilet in kleine Würfel schneiden. Das Olivenöl erhitzen, Schalotte und den Lauch darin langsam andünsten. Den Kabeljau dazugeben, mit Salz und Pfeffer würzen. Die Sahne angießen und alles unter ständigem Rühren langsam garen, bis die Flüssigkeit eingekocht ist. Die Tomatenwürfel unterheben. Die Füllung mit Zitronensaft und gehackter Petersilie abschmecken und kalt stellen.

**3** Nudelteig auf einem bemehlten Brett dünn ausrollen. Auf die Hälfte der Teigplatte im Abstand von 4 cm je 1 TL Füllung setzen. Etwas Wasser und 1 Eigelb verquirlen, den Teig rund um die Füllung damit bestreichen. Die zweite Teighälfte darüber schlagen und fest andrücken. Mit einem Glas runde Ravioli ausstechen, in kochendem Salzwasser in 5 Minuten garen. Mit einer Tomatensauce servieren.

*445 kcal/1863 kJ · 21 g EW · 25 g F · 34 g KH · 483 mg Cholesterin · 3 BE*

# Ziegenkäse im Zucchinimantel

*240 g Ziegenfrischkäse*
*1 Zucchino*
*6 EL Olivenöl*
*Salz · Pfeffer*
*1 Kopf Radicchio*
*2 TL Aceto Balsamico*
*Salz · Pfeffer*
*1 Thymianzweig*

**1** Den Ziegenkäse in vier Scheiben schneiden und – falls vorhanden – von dem in der Mitte befindlichen Strohhalm befreien. Den Zucchino putzen, waschen und der Länge nach in acht dünne Scheiben schneiden.

**2** 2 EL Olivenöl in einer Pfanne erhitzen und die Zucchinistreifen darin kurz anbraten, dabei dürfen sie nicht braun werden. Mit Salz und Pfeffer würzen. Aus der Pfanne nehmen und mit Küchenpapier trockentupfen.

**3** Jeweils zwei Zucchinischeiben kreuzweise aufeinander legen. Je eine Ziegenkäsescheibe in die Mitte legen und die Zucchinischeiben darüber schlagen.

**4** Den Radicchio putzen, waschen und in breite Streifen schneiden. 2 EL Olivenöl, den Essig, etwas Salz und Pfeffer und die abgezupften Thymianblättchen zu einer Vinaigrette verrühren. Ein Viertel davon beiseite stellen, mit der restlichen Vinaigrette den Salat marinieren.

**5** Das restliche Olivenöl erhitzen und die Ziegenkäsepäckchen darin auf beiden Seiten kurz anbraten. Die zurückbehaltene Vinaigrette darüber träufeln. Die Ziegenkäsepäckchen sofort mit dem Salat servieren.

*358 kcal/1499 kJ · 15 g EW · 33 g F · 1 g KH · 21 mg Cholesterin · 0 BE*

# Crêpes mit Kräuterquark

**FÜR DEN CRÊPETEIG:**

*¼ l Milch · 4 Eier*
*100 g Mehl · Salz*
*Fruchtzucker*
*40–50 g Butter*

**FÜR DIE FÜLLUNG:**

*1 Thymianzweig*
*400 g Quark (20 % Fett)*
*Salz · Pfeffer · 2 Eiweiß*
*130 ml Olivenöl*
*80 g Semmelbrösel*
*2 Tomaten*
*8 Basilikumblätter*
*2 TL Aceto Balsamico*
*Frittierfett*

**1** Für die Crêpes die Milch, ⅛ l Wasser, die Eier, das Mehl und etwas Salz und Fruchtzucker mit dem Stabmixer zu einem glatten Teig verrühren. Durch ein Sieb passieren und 1 Stunde im Kühlschrank ruhen lassen.

**2** Zum Ausbacken der acht Crêpes jeweils ein kleines Stück Butter in einer Pfanne schmelzen. Eine kleine Kelle Teig in die Pfanne geben und den Teig durch Schwenken der Pfanne zu einer dünnen Schicht verlaufen lassen. Vorsichtig wenden und auch auf der anderen Seite goldbraun backen. Die Crêpes auf ein Backblech legen und mit Klarsichtfolie abdecken, sodass sie nicht austrocknen.

**3** Thymian fein hacken. Den Quark mit Salz, Pfeffer, Thymian und etwas Olivenöl abschmecken. Die Masse dünn auf die Crêpes streichen und aufrollen. Eiweiß schaumig schlagen. Crêpes durch das Eiweiß ziehen und in Semmelbröseln wälzen.

**4** Tomaten überbrühen, häuten, entkernen und in Würfel schneiden. Basilikum fein hacken. Restliches Olivenöl mit dem Essig, Salz, Pfeffer und dem Basilikum zu einer Vinaigrette verrühren.

**5** Frittierfett erhitzen und die Crêpes darin nochmals goldgelb ausbacken. Jeweils zwei Crêpes mit Tomatenwürfeln und Basilikumvinaigrette anrichten.

*848 kcal/3551 kJ · 27 g EW · 67 g F · 35 g KH · 288 mg Cholesterin · 3 BE*

# Tortillas mit gebackenem Mozzarella

*1 Zucchino · 1 Tomate*
*1 gekochte Kartoffel*
*2 EL Olivenöl*
*150 g Sahne*
*4 Eier · Salz · Pfeffer*
*Muskatnuss*
*125 g Mozzarella*
*etwas Mehl*
*40 g Semmelbrösel*

**1** Backofen auf 180 °C vorheizen. Zucchino und Tomate waschen, putzen und in Würfel scheiden. Die Kartoffel ebenfalls in Würfel schneiden. 1 EL Olivenöl in einer ofenfesten Pfanne erhitzen und die Gemüsewürfel darin kurz andünsten.

**2** Sahne, drei Eier und etwas Salz, Pfeffer und Muskatnuss verquirlen und über das Gemüse gießen. Im heißen Ofen kurz backen, bis die Masse gestockt ist. Aus der Pfanne heben und in vier Portionen teilen.

**3** Die Mozzarellascheiben mit Mehl bestäuben, durch ein verquirltes Ei ziehen und mit den Semmelbröseln panieren. In 1 EL heißem Olivenöl ausbacken und mit den Tortillastücken anrichten. Eventuell mit Basilikumvinaigrette (siehe oben) servieren.

*369 kcal/1544 kJ · 17 g EW · 28 g F · 12 g KH · 271 mg Cholesterin · 1 BE*

# Jakobsmuscheln auf Fenchel

*3 kleine Fenchelknollen*
*1 Schalotte*
*4 EL Olivenöl*
*50 g Sahne*
*Saft von ½ Zitrone*
*4 schwarze Oliven (ohne Stein)*
*12 ausgelöste Jakobsmuscheln*
*Salz · Pfeffer*

**1** Die Fenchelknollen putzen und waschen. Das Fenchelgrün fein hacken und beiseite legen. Zwei Fenchelknollen in kleine Würfel schneiden. Die Schalotte schälen und ebenfalls in kleine Würfel schneiden. Schalotten- und Fenchelwürfel in 1 EL Olivenöl andünsten. Sahne und Zitronensaft angießen und einkochen. Das Gemüse mit dem Stabmixer pürieren, durch ein Sieb streichen und warm stellen.

**2** Die restliche Fenchelknolle in sehr feine Scheiben schneiden und in 1 EL Olivenöl auf beiden Seiten goldgelb braten. Kreisförmig auf Tellern anrichten, in die Mitte etwas Fenchelpüree geben. Oliven in dünne Streifen schneiden. Fenchelscheiben mit den Oliven und dem Fenchelgrün bestreuen. Die Jakobsmuscheln je nach Größe halbieren, mit Salz und Pfeffer würzen. Restliches Olivenöl erhitzen und die Muscheln darin auf beiden Seiten anbraten. Auf dem Fenchelpüree anrichten.

*247 kcal/1032 kJ · 19 g EW · 13 g F · 13 g KH · 225 mg Cholesterin · 1 BE*

# Entenbrust mit chinesischem Gemüse

*200 g Pak-Choi*
*12 Shiitake-Pilze*
*1 EL Sesamöl*
*Salz · Pfeffer*
*2 Entenbrustfilets (600 g)*
*2 EL Pflanzenöl*
*1 kleine Chilischote*
*20 g frischer Ingwer*
*3 Korianderstiele*
*2 EL eingekochte Black Beans (fermentierte schwarze Bohnen)*
*½ TL Fruchtzucker*
*50 g Glasnudeln*

**1** Den Pak-Choi waschen und die Pilze putzen. Beides in Streifen schneiden. Das Sesamöl in einer Pfanne erhitzen, Pak-Choi und Pilze darin kurz andünsten. Das Gemüse mit Salz und Pfeffer würzen und warm stellen.

**2** Die Entenbrüste von der weißen Haut befreien und in dünne Scheiben schneiden. Mit Salz und Pfeffer würzen. Das Öl in einer Pfanne erhitzen und das Fleisch darin kurz anbraten. Mit dem Gemüse mischen.

**3** Chilischote in feine Ringe schneiden. Ingwer schälen und fein reiben. Koriander fein hacken. Chili, Ingwer, Koriander und die fermentierten schwarzen Bohnen in die Gemüsepfanne rühren. Mit etwas Fruchtzucker abschmecken.

**4** Glasnudeln mit einer Schere in etwa 15 cm lange Stücke schneiden und in einer Schüssel mit kochendem Wasser überbrühen. Kurz ziehen lassen. Abgießen und unter die Enten-Gemüse-Pfanne heben.

*498 kcal/2094 kJ · 30 g EW · 34 g F · 21 g KH · 114 mg Cholesterin · 1 BE*

# Schmorfond für gefüllte Gemüse

*2 Schalotten*
*1 Möhre*
*100 g Knollensellerie*
*1 Selleriestange*
*1 EL Olivenöl*
*200 ml Rinderbrühe*
*(siehe Rezept S. 42)*

**1** Schalotten, Möhre und Knollensellerie schälen und in kleine Würfel schneiden. Stangensellerie putzen, waschen und ebenfalls in kleine Würfel schneiden.

**2** Das Olivenöl in einer ofenfesten Pfanne erhitzen und die Gemüsewürfel darin andünsten. Die Brühe angießen.

**3** Backofen auf 160 °C vorheizen. Gefüllte Gemüse (Rezepte siehe unten und auf den folgenden Seiten) auf das Gemüsebett setzen und 20 bis 30 Minuten schmoren lassen, dabei mehrmals mit dem Schmorfond begießen. Das gefüllte Gemüse ist fertig gegart, wenn es leicht gebräunt ist. Aus dem Ofen nehmen und mit dem leicht eingedickten Schmorfond servieren.

**TIPP:** *Gefülltes Gemüse können Sie als eigenständiges vegetarisches Gericht oder auch als Beilage zu diversen Fisch- und Fleischgerichten servieren.*

51 kcal/212 kJ · 2 g EW · 3 g F · 3 g KH · 3 mg Cholesterin · 0 BE

# Gefüllte Zucchini

*3 mittelgroße Zucchini*
*Salz · 4 Tomaten*
*1 Schalotte*
*1 Knoblauchzehe*
*1 EL Olivenöl*
*Pfeffer*
*3 Basilikumblätter*
*Schmorfond*
*(Rezept siehe oben)*

**1** Die Zucchini putzen, waschen und in 5 cm lange Stücke schneiden. Mit einem Kugelausstecher oder einem Löffel das Zucchinifleisch auskratzen. Die Zucchinistücke in kochendem Salzwasser 5 bis 7 Minuten blanchieren und trockentupfen.

**2** Tomaten überbrühen, häuten, entkernen und in Würfel schneiden. Die Schalotte schälen und fein würfeln, den Knoblauch schälen und fein hacken. Olivenöl erhitzen, Schalotten und Knoblauch darin andünsten. Die Tomatenwürfel dazugeben, mit Salz und Pfeffer würzen. Basilikum in feine Streifen schneiden und unter die Tomatenfüllung rühren. Die Zucchinistücke mit den Tomaten füllen und in einer ofenfesten Form im 160 °C heißen Backofen mit dem Schmorfond 20 bis 30 Minuten schmoren lassen. Das ausgelöste Zucchinifleisch kann man nach Belieben klein gewürfelt in den Schmorfond geben.

105 kcal/440 kJ · 4 g EW · 6 g F · 7 g KH · 3 mg Cholesterin · 0 BE

# Gefüllte Zwiebeln

*2 rote Zwiebeln*
*1 EL Olivenöl*
*Salz · Pfeffer*
*1 TL Tomatenmark*
*5 EL Rinderbrühe*
*(siehe Rezept S. 42)*
*12 mittelgroße*
*Schaschlikzwiebeln*
*Schmorfond*
*(siehe Rezept S. 62)*

**1** Rote Zwiebeln schälen und in kleine Würfel schneiden. Das Olivenöl in einer Pfanne erhitzen und die Zwiebeln darin andünsten. Mit Salz und Pfeffer würzen und das Tomatenmark unterrühren. Die Rinderbrühe angießen und die Zwiebelfüllung sirupartig einkochen lassen.

**2** Schaschlikzwiebeln schälen und in kochendem Salzwasser 15 Minuten blanchieren. Abtropfen lassen. Von den Schaschlikzwiebeln jeweils einen Deckel abschneiden und die Zwiebeln aushöhlen. Mit dem roten Zwiebelgemüse füllen und im 160 °C heißen Backofen mit dem Schmorfond 20 bis 30 Minuten schmoren lassen.

**TIPP:** *Um den gefüllten Zwiebeln mehr Würze zu verleihen, können Sie noch angebratene Speckwürfel in die Füllung geben.*

*135 kcal/563 kJ · 4 g EW · 6 g F · 15 g KH · 4 mg Cholesterin · 1 BE*

# Gefüllte Shiitake-Pilze

*16 Shiitake-Pilze*
*200 g Champignons*
*2 Schalotten*
*1 EL Butter*
*Salz · Pfeffer*
*½ Bund glatte*
*Petersilie*
*½ TL Senf*
*Schmorfond*
*(siehe Rezept S. 62)*

**1** Shiitake-Pilze und Champignons putzen. Shiitake-Pilze aushöhlen. Die Stiele und die Champignons fein hacken. Schalotten schälen und in kleine Würfel schneiden.

**2** Butter in einer Pfanne schmelzen und die Schalotten darin glasig dünsten. Die gehackten Pilze hinzufügen, mit Salz und Pfeffer würzen und so lange köcheln lassen, bis die Flüssigkeit eingekocht ist. Petersilie waschen, die Blättchen abzupfen und hacken. Mit dem Senf unter die Pilzmasse rühren. Die Shiitake-Pilze füllen und im 160 °C heißen Backofen mit dem Schmorfond 20 bis 30 Minuten schmoren lassen.

**TIPP:** *Wer es pikant mag, kann die Pilze, kurz bevor sie fertig geschmort sind, mit frisch geriebenem Parmesan bestreuen und nochmals kurz überbacken.*

*109 kcal/456 kJ · 5 g EW · 5 g F · 12 g KH · 9 mg Cholesterin · 1 BE*

# Artischocken mit Spinat

*250 g junger Spinat*
*2 Schalotten*
*2 EL Olivenöl*
*1 Knoblauchzehe*
*Salz · Pfeffer*
*12 Baby-Artischocken*
*Saft von ½ Zitrone*
*Schmorfond (siehe Rezept S. 62)*

**1** Spinat gründlich verlesen, waschen und abtropfen lassen. Schalotten schälen und in kleine Würfel schneiden. Das Olivenöl in einem Topf erhitzen, Schalottenwürfel und die durchgepresste Knoblauchzehe dazugeben. Spinat in den Topf geben, mit Salz und Pfeffer würzen und zugedeckt zusammenfallen lassen.

**2** Die Artischocken gründlich unter fließendem Wasser waschen. Die Artischockenköpfe von den Stielen brechen und die äußeren harten Blätter entfernen. Das obere Drittel der Blüten abschneiden und das Heu entfernen. Die Artischocken in Wasser mit Zitronensaft legen, damit sie sich nicht verfärben.

**3** Die Artischocken kurz in Salzwasser blanchieren und abtropfen lassen. Den Spinat in die Artischocken füllen. Die Artischocken im 160 °C heißen Backofen mit dem Schmorfond 20 bis 30 Minuten schmoren lassen.

*142 kcal/592 kJ · 7 g EW · 8 g F · 8 g KH · 3 mg Cholesterin · 0 BE*

# Gefüllte Paprikaschoten

*60 g Langkornreis*
*2 Schalotten*
*1 TL Butter · ½ Bund glatte Petersilie*
*je 75 g mageres Rind- und Schweinefleisch (fein durchgedreht)*
*Salz · Pfeffer*
*2 Eier · 1 TL Senf*
*12 Baby-Paprika*
*Schmorfond (siehe Rezept S. 62)*

**1** Den Reis nach Packungsanweisung garen. Die Schalotten schälen und in kleine Würfel schneiden. Die Butter schmelzen und die Schalotten darin andünsten. Petersilie waschen, die Blättchen abzupfen und fein hacken. Das Hackfleisch mit Salz und Pfeffer würzen. Mit den Schalotten, der Petersilie, dem Reis, den Eiern und dem Senf vermischen.

**2** Von den Paprikaschoten jeweils einen Deckel abschneiden. Kerngehäuse aus den Schoten schneiden, die Schoten waschen und trockentupfen. Die Hackfleischmasse in die Paprikaschoten füllen. Jeweils mit den Deckeln verschließen und im 160 °C heißen Backofen mit dem Schmorfond 20 bis 30 Minuten schmoren lassen.

**TIPP:** *Anstelle von Langkornreis können Sie auch ein in Milch eingelegtes und ausgedrücktes Brötchen vom Vortag verwenden.*

*238 kcal/992 kJ · 12 g EW · 13 g F · 17 g KH · 33 mg Cholesterin · 1 BE*

# Fisch

(VON DORADE BIS ZANDER)

# Dorade mit Fenchelpüree

*1 Schalotte*
*2 Fenchelknollen*
*2 EL Olivenöl*
*Salz · Pfeffer*
*Anispulver*
*2 EL Geflügelbrühe*
*(siehe Rezept S. 42)*
*2 TL Sahne*
*2 vollreife Feigen*
*4 Doradenfilets*
*(mit Haut; à 125 g)*

**1** Schalotte schälen und in feine Scheiben schneiden. Den Fenchel putzen, das Fenchelgrün fein hacken. Fenchelknollen in feine Scheiben schneiden. 1 EL Olivenöl in einer Pfanne erhitzen. Schalotten und Fenchel darin andünsten und mit Salz, Pfeffer und etwas Anis würzen. Die Brühe angießen. Gemüse zugedeckt weich dünsten. Anschließend offen einkochen lassen, bis die Flüssigkeit verdampft ist.

**2** Die Sahne zum Gemüse geben und einkochen lassen. Gemüse mit dem Stabmixer pürieren und durch ein Sieb passieren. Die Feigen schälen, in Würfel schneiden und unter das Fenchelpüree heben.

**3** Fischfilets mit Salz und Pfeffer würzen. Restliches Olivenöl in einer Pfanne erhitzen und die Fischfilets darin auf der Hautseite knusprig braten. Fisch auf dem Fenchelpüree anrichten und mit dem Fenchelgrün bestreuen.

**TIPP:** *Um dem Fenchelpüree mehr Volumen zu geben, kann man es auch mit etwas Topinambur- oder Kartoffelpüree mischen.*

228 kcal/954 kJ · 27 g EW · 10 g F · 7 g KH · 56 mg Cholesterin · 0 BE

•

# Gambas in Estragonsud

*8 Gambas*
*4 Jakobsmuscheln*
*4 EL Olivenöl*
*100 g Gemüsewürfel*
*(Möhre, Lauch, Sellerie,*
*Schalotte, Knoblauch)*
*½ EL Tomatenmark*
*5 EL Weißwein*
*200 ml Fischfond*
*(siehe Rezept S. 43)*
*1 Bund Estragon*

**1** Gambas aus der Schale brechen und den Darmstrang entfernen. Jakobsmuscheln aufbrechen und das Fleisch aus der Schale lösen. Muschelfleisch und Gambas kalt abbrausen und trockentupfen.

**2** 1 EL Olivenöl in einem Topf erhitzen und die Gambaschalen darin anrösten. Die Gemüsewürfel hinzufügen und leicht anbraten. Das Tomatenmark unterrühren und kurz andünsten. Den Weißwein angießen und etwas einkochen lassen. Den Fischfond dazugießen und alles etwa 20 Minuten bei kleiner Hitze köcheln lassen.

**3** Sud durch ein Sieb abgießen und nochmals einkochen lassen. Mit 1 EL Olivenöl binden. Estragonblättchen fein hacken und in den Sud geben. Das restliche Olivenöl erhitzen und Gambas und Muscheln darin kurz anbraten. Gambas und Muscheln in den Estragonsud geben und bei kleiner Hitze kurz gar ziehen lassen.

252 kcal/1165 kJ · 24 g EW · 16 g F · 6 g KH · 221 mg Cholesterin · 0 BE

# Zander auf Mangold

*4 große Mangoldblätter · 3 EL Olivenöl*
*Salz · Pfeffer*
*1 Möhre*
*¼ Knollensellerie*
*½ Lauchstange*
*50 g Butter*
*¼ l Fischfond (siehe Rezept S. 43)*
*½ Bund Kerbel*
*Saft von ½ Zitrone*
*4 Zanderfilets (à 130 g)*

1 Den Mangold waschen, Blätter und Stiele in feine Streifen schneiden. 1 EL Olivenöl erhitzen und die Stiele andünsten. Die Blätter dazugeben und weich dünsten. Mit Salz und Pfeffer abschmecken.

2 Möhre und Sellerie schälen und in Würfel schneiden. Lauch putzen, waschen und in Würfel schneiden. Die Hälfte der Butter zerlassen und die Gemüsewürfel darin andünsten. Den Fischfond angießen und einkochen. Die restliche Butter in Flöckchen unterrühren, dabei darf das Gemüse nicht mehr kochen. Kerbelblättchen fein hacken und unterrühren. Gemüsesauce mit Zitronensaft abschmecken.

3 Zanderfilets waschen, trockentupfen und mit Salz und Pfeffer würzen. Restliches Olivenöl erhitzen und die Filets darin auf beiden Seiten goldgelb braten. Zanderfilets auf dem Mangold mit der Gemüsesauce anrichten.

**Tipp:** *Mangold wird auf unseren Märkten mit weißen und roten Stielen angeboten. Sie können für dieses Rezept natürlich beide Sorten verwenden – allerdings sieht das Gericht mit rotstieligem Mangold attraktiver aus.*

315 kcal/1458 kJ · 29 g EW · 22 g F · 7 g KH · 38 mg Cholesterin · 0 BE

# Rotzunge mit Venusmuscheln

*400 g Venusmuscheln*
*1 Schalotte*
*1 Knoblauchzehe*
*4 EL Olivenöl*
*1 Thymianzweig*
*½ l Fischfond (siehe Rezept S. 43)*
*4 Tomaten*
*4 Basilikumblätter*
*2 Rotzungenfilets (à 180 g)*
*Salz · Pfeffer*

**1** Die Muscheln unter fließendem kaltem Wasser mit einer Bürste gründlich abschrubben. Bereits geöffnete Muscheln aussortieren. Schalotte und Knoblauchzehe schälen und hacken. 1 EL Olivenöl in einem Topf erhitzen und die Schalotten- und Knoblauchwürfel darin andünsten.

**2** Den Thymianzweig hinzufügen. Die Muscheln in den Topf geben und ¼ l Fischfond angießen. Zugedeckt bei starker Hitze so lange garen, bis die Muscheln aufspringen. Muscheln, die sich nicht geöffnet haben, aussortieren.

**3** Den Sud durch ein Sieb gießen und auffangen. Muschelfleisch nach Belieben aus den Schalen lösen und warm stellen. Tomaten überbrühen, häuten, entkernen und in nicht zu kleine Würfel schneiden.

**4** Die Basilikumblätter in feine Streifen schneiden. 1 EL Olivenöl erhitzen und die Tomatenwürfel darin kurz andünsten. Den Muschelfond angießen und einkochen lassen. Mit dem restlichen Olivenöl binden und das Basilikum unterrühren.

**5** Die Fischfilets mit Salz und Pfeffer würzen. Restlichen Fischfond erhitzen und die Fischfilets darin bei schwacher Hitze gar ziehen lassen. Fischfilets und Muschelfleisch kurz vor dem Servieren in den Tomatensud legen.

**TIPP:** *Anstelle der Venusmuscheln können Sie auch frische Miesmuscheln verwenden. Die Rotzungenfilets lassen sich durch Seezungenfilets ersetzen.*

*238 kcal/1272 kJ · 23 g EW · 20 g F · 7 g KH · 130 mg Cholesterin · 0 BE*

# Seeteufelmedaillons auf Linsen

*120 g Linsen*
*3 Schalotten*
*¼ Möhre*
*50 g Knollensellerie*
*¼ Lauchstange*
*30 g Butter*
*½ EL Tomatenmark*
*Salz · Pfeffer*
*½ l Rinderbrühe*
*(siehe Rezept S. 42)*
*1 EL Aceto Balsamico*
*1 TL Senf · Kurkuma*
*500 g Seeteufelfilet*
*2 EL Pflanzenöl*

**1** Reichlich Wasser in einem Topf erhitzen. Die Linsen darin kurz blanchieren, in ein Sieb abgießen, abwaschen und gut abtropfen lassen. Schalotten, Möhre und Sellerie schälen und in kleine Würfel schneiden. Lauch putzen, waschen und ebenfalls in kleine Würfel schneiden.

**2** Die Butter in einem Topf zerlassen. Die Gemüsewürfel darin kurz andünsten. Das Tomatenmark unterrühren. Die Linsen hinzufügen und das Gemüse mit Salz und Pfeffer würzen. Die Brühe angießen und das Gemüse weich kochen. Mit Essig, Senf und etwas Kurkuma abschmecken.

**3** Seeteufelfilet waschen und trockentupfen. In Medaillons schneiden und mit Salz und Pfeffer würzen. Öl in einer Pfanne erhitzen. Die Seeteufelmedaillons darin bei starker Hitze auf beiden Seiten anbraten und auf dem Linsengemüse anrichten.

**TIPP:** *Kurkuma ist ein Bestandteil des Currypulvers und gibt diesem Gericht sowohl den leicht bitteren Geschmack als auch die intensive gelbe Farbe.*

*320 kcal/1340 kJ · 31 g EW · 13 g F · 20 g KH · 52 mg Cholesterin · 1 BE*

# Knurrhahn mit Lauch

*5 EL Olivenöl*
*Saft von 1 Zitrone*
*2 TL Geflügelbrühe*
*(siehe Rezept S. 42)*
*1 TL Senf · Salz · Pfeffer*
*1 Zucchino*
*1 Lauchstange*
*4 EL Pflanzenöl*
*2 Tomaten*
*8 Knurrhahnfilets*
*(mit Haut; à 80 g)*

**1** 3 EL Olivenöl, den Zitronensaft, die Geflügelbrühe und den Senf zu einer Vinaigrette verrühren. Mit Salz und Pfeffer würzen. Zucchino putzen, waschen und in sehr kleine Würfel schneiden. Restliches Olivenöl in einer Pfanne erhitzen, die Zucchiniwürfel darin kurz anbraten und in die Vinaigrette geben.

**2** Lauchstange putzen. Reichlich Wasser erhitzen, die Lauchstange darin blanchieren und kalt abschrecken. Lauch schräg in Scheiben schneiden. 2 EL Pflanzenöl erhitzen und die Lauchscheiben darin auf beiden Seiten bei schwacher Hitze goldgelb braten. Mit Salz und Pfeffer würzen. Tomaten überbrühen, häuten, halbieren, entkernen und in Würfel schneiden. Tomaten unter das Lauchgemüse heben.

**3** Knurrhahnfilets waschen, trockentupfen und mit Salz und Pfeffer würzen. Das restliche Öl erhitzen und die Filets darin auf der Hautseite knusprig braten. Fischfilets auf das Lauchgemüse setzen und mit der Vinaigrette beträufeln.

*285 kcal/1192 kJ · 14 g EW · 24 g F · 3 g KH · 21 mg Cholesterin · 0 BE*

# Waller aus dem Wurzelsud

*2 Rote Beten*
*Salz*
*1 Möhre*
*¼ Knollensellerie*
*½ Lauchstange*
*1 Zwiebel*
*2 EL Weißweinessig*
*1 Lorbeerblatt*
*je 1 EL Pfeffer- und Senfkörner*
*Pfeffer*
*4 Wallerstücke (mit Gräte; à 250 g)*
*5 EL Fischfond (siehe Rezept S. 43)*
*40 g Butter*
*Saft von 1 Zitrone*
*flüssiger Süßstoff*
*80 g Brunnenkresse*
*2 TL Traubenkernöl*

1 Die Roten Beten gründlich abbürsten und in einem Topf in wenig Salzwasser in etwa 1 Stunde gar kochen. Rote Beten schälen und in dünne Scheiben schneiden.

2 Für den Wurzelsud die Möhre und den Sellerie schälen. Den Lauch putzen. Die Zwiebel schälen und halbieren. Die Zwiebel mit den Schnittflächen nach unten in einen Topf geben, rösten und herausnehmen.

3 ½ l kaltes Wasser in den Topf gießen und den Essig und die Zwiebel hinzufügen. Das Lorbeerblatt, die Pfeffer- und die Senfkörner in den Fond geben. Den Sud mit etwas Salz würzen und 15 Minuten köcheln lassen. Sud kräftig mit Salz und Pfeffer abschmecken, durch ein feines Sieb abgießen und nochmals erhitzen.

4 Die Wallerstücke waschen und trockentupfen. Mit Salz würzen und in den Wurzelsud legen. Etwa 20 Minuten bei schwacher Hitze köcheln lassen. Fischstücke aus dem Sud nehmen, von der Haut, dem Fett und der Mittelgräte befreien und warm stellen.

5 Den Fischfond in einer breiten Pfanne erhitzen, die Roten Beten hinzufügen und den Fond einkochen lassen. Die Butter in Flöckchen unterrühren. Gemüse mit Salz und je einem Spritzer Zitronensaft und Süßstoff abschmecken.

6 Brunnenkresse putzen, waschen und gut abtropfen lassen. Das Traubenkernöl und den restlichen Zitronensaft mit etwas Salz zu einer Vinaigrette verrühren. Mit der Brunnenkresse mischen. Waller auf dem Rote-Bete-Gemüse anrichten und die Brunnenkresse darüber geben.

**TIPP:** *Der Wurzelsud eignet sich übrigens für alle Fischsorten. Sie können ihn auch auf Vorrat zubereiten und einfrieren.*

*409 kcal/1736 kJ · 32 g EW · 30 g F · 4 g KH · 317 mg Cholesterin · 0 BE*

# Seewolf mit Mangochutney

*1 Mango · Fruchtzucker*
*Salz · Cayennepfeffer*
*1 Schalotte · ½ Apfel*
*2 Champignons*
*¼ Lauchstange*
*½ Selleriestange*
*20 g Butter · 1 EL Madras-Currypulver · ¼ l Fischfond (siehe Rezept S. 43)*
*2 TL Ananassaft (naturrein) · 4 TL Sahne*
*Saft von 1 Zitrone*
*4 Seewolffilets (à 120 g)*
*2 EL Olivenöl*

**1** Die Mango schälen. Eine Hälfte in Spalten, die andere in Würfel schneiden. Die Mangowürfel mit 100 ml Wasser, etwas Fruchtzucker, Salz und Cayennepfeffer aufkochen und unter ständigem Rühren einkochen lassen. Nochmals abschmecken.

**2** Schalotte und Apfel schälen und in Würfel schneiden. Champignons putzen und klein schneiden. Lauch und Sellerie putzen, waschen und in Würfel schneiden. Die Butter zerlassen und das Gemüse darin andünsten. Mit dem Currypulver bestäuben.

**3** Den Fischfond und den Ananassaft angießen und sirupartig einkochen. Die Sahne hinzufügen und die Sauce mit Salz und Zitronensaft abschmecken. Die Gemüsesauce durch ein Sieb passieren, vor dem Servieren mit dem Stabmixer aufschäumen.

**4** Die Seewolffilets waschen und trockentupfen. Olivenöl in einer Pfanne erhitzen und die Filets darin auf beiden Seiten goldbraun braten.

**5** Die Mangospalten fächerartig auf Tellern anrichten und das Chutney darauf geben. Die Gemüsesauce über die Seewolffilets träufeln. Dazu passen blanchierte Zuckerschoten.

*290 kcal/1349 kJ · 27 g EW · 16 g F · 16 g KH · 78 mg Cholesterin · 0 BE*

# Saiblingsfilet mit Spargel

*je 8 weiße und grüne Spargelstangen*
*Salz · flüssiger Süßstoff*
*200 g frische Pfifferlinge*
*1 EL Pflanzenöl*
*1 Schalotte · Pfeffer*
*100 ml Geflügelbrühe (siehe Rezept S. 42)*
*40 g Butter*
*1 Bund glatte Petersilie*
*Saft von ½ Zitrone*
*200 ml Wurzelsud (siehe Rezept S. 73)*
*4 Saiblingsfilets (480 g)*

**1** Die weißen Spargelstangen schälen. Von allen Stangen die holzigen Enden abschneiden. Salzwasser mit etwas Süßstoff aufkochen und die Spargelstangen darin etwa 15 Minuten garen. Mit kaltem Wasser abschrecken. Die Spargelköpfe abschneiden und beiseite legen, die restlichen Stangen schräg in Scheiben schneiden.

**2** Die Pfifferlinge putzen. Das Öl in einer Pfanne erhitzen und die Pfifferlinge darin bei starker Hitze anbraten, bis die austretende Flüssigkeit verdampft ist. Schalotte schälen, in kleine Würfel schneiden und mit in die Pfanne geben. Pfifferlinge mit Salz und Pfeffer würzen. Mit den Spargelstücken mischen.

**3** Die Geflügelbrühe einkochen lassen und die Butter in Flöckchen unterrühren. Petersilienblättchen fein hacken und dazugeben. Mit Zitronensaft abschmecken.

**4** In einen Topf etwa 3 cm hoch Wurzelsud gießen und erhitzen. Einen Dämpfkorb oder Dämpfeinsatz hineinstellen. Die Saiblingsfilets salzen, pfeffern und in den Dämpfkorb legen. Bei schwacher Hitze etwa 5 Minuten garen.

**5** Die Haut der Saiblingsfilets abziehen. Filets auf dem Spargel-Pilz-Gemüse und den Spargelköpfen anrichten. Die Petersilien-Zitronen-Sauce darüber träufeln.

279 kcal/1166 kJ · 29 g EW · 15 g F · 7 g KH · 91 mg Cholesterin · 0 BE

# Steinbutt auf Chinakohl

*50 g frischer Ingwer*
*1 EL Weißweinessig*
*Salz · Fruchtzucker*
*½ Kopf Chinakohl*
*3 EL Pflanzenöl*
*Pfeffer*
*1 EL grober Senf (Moutarde de Meaux)*
*4 Tranchen Steinbutt (à 120 g)*

1 Den Ingwer schälen und in feine Scheiben schneiden. Etwas Wasser mit dem Weißweinessig und je 1 Prise Salz und Fruchtzucker aufkochen. Über den Ingwer geben und ziehen lassen.

2 Den Chinakohl vom Strunk befreien und in Streifen schneiden. 1 EL Pflanzenöl in einer Pfanne erhitzen, den Chinakohl darin anbraten und zusammenfallen lassen. Mit Salz und Pfeffer würzen. Den Senf und den marinierten Ingwer unterrühren.

3 Die Fischstücke waschen und trockentupfen, mit Salz und Pfeffer würzen. Restliches Öl in einer Pfanne erhitzen und den Fisch darin auf beiden Seiten goldbraun braten. Den Steinbutt auf dem Chinakohl anrichten.

TIPP: *Der marinierte Ingwer muss hauchdünn geschnitten werden. Er eignet sich auch als Geschmacksträger in Salaten oder asiatisch gewürztem Gemüse.*

*180 kcal/752 kJ · 21 g EW · 10 g F · 2 g KH · 0 mg Cholesterin · 0 BE*

•

# Pochierter Steinbutt

*2 Tomaten*
*Saft von 1 Zitrone*
*4 EL Olivenöl*
*Salz · Pfeffer · Koriander*
*1 Bund Koriander*
*2 TL kleine Kapern*
*4 Steinbuttfilets (à 120 g)*
*1 Schalotte*
*1 Champignon*
*1 EL Butter*
*200 ml Fischfond (siehe Rezept S. 43)*

1 Tomaten überbrühen, häuten, halbieren und entkernen. Die Tomatenhälften in kleine Würfel schneiden. Den Zitronensaft mit dem Olivenöl, etwas Salz, Pfeffer und frisch gemahlenem Koriander zu einer Vinaigrette verrühren. Korianderblättchen abzupfen und fein hacken. Mit den Kapern und den Tomatenwürfeln in die Vinaigrette rühren.

2 Die Steinbuttfilets waschen und trockentupfen, mit Salz und Pfeffer würzen. Schalotte schälen und in kleine Würfel schneiden. Champignon putzen und ebenfalls in kleine Würfel schneiden. Die Butter in einer Pfanne zerlassen und die Gemüsewürfel darin andünsten. Den Fischfond angießen, die Steinbuttfilets in den Fond legen und gar ziehen lassen.

3 Die Fischfilets aus dem Fond nehmen und auf Tellern anrichten. Die Tomaten-Koriander-Vinaigrette darüber geben.

*272 kcal/1249 kJ · 23 g EW · 21 g F · 3 g KH · 18 mg Cholesterin · 0 BE*

# Seehecht auf Blattspinat

*je 1 rote und gelbe Paprika · 1 Selleriestange · 2 TL Walnussöl*
*Salz · Pfeffer*
*5 EL Geflügelbrühe (siehe Rezept S. 42)*
*300 g Blattspinat*
*1 Schalotte*
*3 EL Olivenöl*
*1 Knoblauchzehe*
*4 Seehechtfilets (à 120 g)*

**1** Die Paprikaschoten putzen und das Kerngehäuse entfernen. Waschen und in Rauten schneiden. Den Stangensellerie putzen und in Scheiben schneiden. In einem Topf das Walnussöl erhitzen, Paprika und Stangensellerie darin andünsten. Mit Salz und Pfeffer würzen und die Geflügelbrühe angießen. Das Gemüse darin garen und nochmals abschmecken.

**2** Spinat sorgfältig verlesen, waschen und abtropfen lassen. Schalotte schälen und in kleine Würfel schneiden. In einer Pfanne 1 EL Olivenöl erhitzen, die Schalotten und die zerdrückte Knoblauchzehe darin andünsten. Den Spinat hinzufügen und zusammenfallen lassen. Mit Salz und Pfeffer würzen.

**3** Seehechtfilets waschen, trockentupfen, salzen und pfeffern. Restliches Olivenöl in einer Pfanne erhitzen und die Fischfilets darin auf beiden Seiten goldgelb braten. Auf dem Spinat mit der Gemüsesauce anrichten.

*194 kcal/814 kJ · 20 g EW · 12 g F · 3 g KH · 1 mg Cholesterin · 0 BE*

# Petersfisch mit Perlzwiebeln

*20 Perlzwiebeln*
*1 TL Fruchtzucker*
*2 TL Obstessig*
*Salz · Pfeffer*
*4 TL Fischfond (siehe Rezept S. 43)*
*3 EL Olivenöl*
*4 Tomaten*
*2 EL Pinienkerne*
*4 Petersfischfilets (à 120 g)*
*2 Lorbeerblätter*

**1** Die Perlzwiebeln schälen. Den Fruchtzucker in 2 EL Wasser auflösen und aufkochen. Weiterkochen, bis ein heller Karamell entstanden ist. Mit dem Obstessig ablöschen und die Zwiebeln hinzufügen. Mit Salz und Pfeffer würzen und die Zwiebeln bei schwacher Hitze weich schmoren. Wenn die Flüssigkeit verdampft ist, den Fischfond und 1 EL Olivenöl unterrühren.

**2** Tomaten überbrühen, häuten, entkernen und in Würfel schneiden. Pinienkerne in einer Pfanne ohne Fett goldbraun rösten. Die Tomaten und zum Schluss die Pinienkerne unter die Zwiebeln rühren.

**3** Fischfilets waschen und trockentupfen. Das restliche Olivenöl in einer Pfanne erhitzen. Lorbeerblätter längs halbieren und in das heiße Öl geben. Die Fischfilets darin auf beiden Seiten goldbraun braten und mit den Perlzwiebeln servieren.

*258 kcal/1102 kJ · 23 g EW · 14 g F · 11 g KH · 1 mg Cholesterin · 0 BE*

# Kabeljau mit Räucherlachs

*4 Kabeljaufilets (à 120 g)*
*80 g Räucherlachs (in Scheiben)*
*1 Gartengurke*
*40 g Butter*
*Salz*
*½ TL Fruchtzucker*
*2 EL Fischfond (siehe Rezept S. 43)*
*1 Bund Dill*
*2 EL Pflanzenöl*

**1** Kabeljaufilets waschen und trockentupfen. Mit einem scharfen Messer jeweils längs mehrmals einschneiden. Räucherlachs in feine Streifen schneiden und die Kabeljaufilets damit spicken. Dafür die Lachsstreifen durch die Einschnitte fädeln.

**2** Die Gurke schälen, längs halbieren und das Kerngehäuse mit einem Teelöffel herauslösen. Die Gurkenhälften in dünne Scheiben schneiden.

**3** In einer Pfanne 20 g Butter zerlassen, die Gurkenscheiben hinzufügen und mit etwas Salz und dem Fruchtzucker bestreuen. Gurken 2 Minuten in der Pfanne glasieren, bis sie schön glänzen. Den Fischfond angießen und die restliche Butter in Flöckchen unterrühren. Die Dillspitzen abzupfen, fein hacken und unter das Gurkengemüse rühren.

**4** Das Pflanzenöl in einer Pfanne erhitzen und die gespickten Kabeljaufilets darin auf beiden Seiten goldbraun braten. Den Kabeljau auf dem Gurkengemüse anrichten.

**TIPP:** *Zum Spicken des Fischfilets verwenden Sie am besten eine Spicknadel, die es in guten Küchenwarengeschäften zu kaufen gibt. Besonders dekorativ sieht das Gurkengemüse aus, wenn Sie die Gurke nur zum Teil schälen, sodass die Schale in Streifen stehen bleibt. Oder Sie ziehen die Schale mit einem Zestenreißer in langen Streifen ab und verwenden die Schalenstreifen als Garnitur.*

*261 kcal/1103 kJ · 26 g EW · 17 g F · 2 g KH · 95 mg Cholesterin · 0 BE*

# Geflügel

(VON ENTENBRUST BIS GEFÜLLTE WACHTELN)

# Poulardenbrust mit Parmaschinken

*4 Poulardenbrüste (à 120–140 g)*
*Salz · Pfeffer*
*2 Salbeiblätter*
*4 dünne Scheiben Parmaschinken*
*1 EL Olivenöl*
*50 g Butter*
*300 g Kenia-Bohnen*
*1 Schalotte*
*130 g Maiskörner (aus der Dose)*
*2 EL Rinderbrühe (siehe Rezept S. 42)*
*1 Bund Bohnenkraut*

1 Backofen auf 160 °C vorheizen. Die Poulardenbrüste waschen und trockentupfen, mit wenig Salz und Pfeffer würzen.

2 Die Salbeiblätter waschen, halbieren und auf die Poulardenbrüste legen. Um jede Poulardenbrust jeweils eine Scheibe Schinken legen. Mit Küchengarn umwickeln, damit sich der Schinken beim Braten nicht löst.

3 Das Olivenöl und 20 g Butter in einer Pfanne erhitzen und die Poulardenbrüste darin auf beiden Seiten leicht anbraten. Das Fleisch aus der Pfanne nehmen, das Küchengarn entfernen und die Poulardenbrüste in eine flache, ofenfeste Form legen. Im vorgeheizten Ofen in etwa 10 Minuten fertig garen, dabei mehrmals mit dem Bratfett begießen.

4 Die Bohnen putzen. Reichlich Salzwasser in einem Topf aufkochen und die Bohnen darin 3 bis 5 Minuten blanchieren. Die Bohnen abgießen und mit kaltem Wasser abschrecken, damit sie ihre intensive Farbe behalten.

5 Die Schalotte schälen und in kleine Würfel schneiden. Den Mais in ein Sieb geben und abtropfen lassen. Restliche Butter schmelzen und die Schalottenwürfel darin andünsten. Die Bohnen und den Mais dazugeben, mit Salz und Pfeffer würzen und die Rinderbrühe angießen. Kurz einkochen lassen.

6 Das Bohnenkraut waschen und die Blättchen fein hacken. Das Bohnengemüse mit dem Bohnenkraut abschmecken. Die Poulardenbrüste schräg in Scheiben schneiden und auf dem Bohnengemüse anrichten.

**TIPP:** *Die Poulardenbrüste sollte man nur wenig würzen, da der Parmaschinken beim Braten sehr viel Salz abgibt.*

420 kcal/1761 kJ · 33 g EW · 26 g F · 13 g KH · 126 mg Cholesterin · 1 BE

# Entenbrust auf Kartoffel-Apfel-Gratin

*4 Kartoffeln*
*4 Äpfel*
*300 g Sahne*
*Salz · Pfeffer*
*Muskatnuss*
*4 Entenbrustfilets (à 150–200 g)*
*3 Rispen Holunderbeeren*
*100 ml Rotwein*
*½ TL Fruchtzucker*

1 Backofen auf 180 °C vorheizen. Die Kartoffeln und die Äpfel schälen und in Scheiben schneiden. Abwechselnd dachziegelartig in eine flache Auflaufform schichten. Die Sahne mit Salz, Pfeffer und Muskatnuss würzen und darüber gießen. Im Backofen in etwa 30 Minuten goldgelb backen.

2 Die weiße Haut der Entenbrüste rautenförmig einschneiden, salzen und pfeffern. Eine ofenfeste Pfanne ohne Fett erhitzen und die Entenbrüste darin auf der Hautse te bei mittlerer Hitze etwa 5 Minuten braten. Fleisch wenden und in der Pfanne im Backofen in 10 Minuten garen. Herausnehmen und abgedeckt ruhen lassen.

3 Die Holunderbeeren waschen und von den Rispen streifen. Rotwein und Fruchtzucker aufkochen und die Beeren hinzufügen. Mit dem Stabmixer pürieren, durch ein Sieb streichen und abschmecken. Entenbrüste schräg in Scheiben schneiden und mit dem Gratin und der Holunderbeersauce anrichten.

*503 kcal/2111 kJ · 30 g EW · 26 g F · 32 g KH · 114 mg Cholesterin · 2 BE*

# Entenbrust auf Quittenpüree

*1 Quitte*
*1 EL Fruchtzucker*
*2 TL Obstessig*
*Salz · Pfeffer*
*4 Entenbrustfilets (à 150–200 g)*
*2 EL Diabetiker-Preiselbeeren*

1 Die Quitte schälen, vierteln, vom Kerngehäuse befreien und in kleine Würfel schneiden. Den Fruchtzucker in 2 EL Wasser auflösen und aufkochen. Den Zuckersirup weiterkochen, bis ein heller Karamell entsteht. Mit dem Obstessig ablöschen, die Quittenwürfel hinzufügen und etwas Wasser angießen. Quittenwürfel weich dünsten, bis die Flüssigkeit verdampft ist. Durch ein feines Sieb streichen und mit Salz und Pfeffer abschmecken.

2 Backofen auf 160 °C vorheizen. Die weiße Haut der Entenbrüste rautenförmig einschneiden und mit Salz und Pfeffer würzen. Eine ofenfeste Pfanne ohne Fett erhitzen und die Entenbrüste darin auf der Hautseite bei mittlerer Hitze etwa 5 Minuten braten. Fleisch wenden und im Backofen in etwa 10 Minuten rosa braten. Herausnehmen und abgedeckt ruhen lassen. Entenbrüste schräg in Scheiben schneiden und auf dem Quittenpüree anrichten. Mit den Preiselbeeren servieren.

*374 kcal/1571 kJ · 27 g EW · 26 g F · 8 g KH · 114 mg Cholesterin · 0 BE*

# Putenfilet „Chinoise“

*300 g Pak-Choi*
*1 rote Paprika*
*1 Möhre*
*20 g frischer Ingwer*
*¼ Knoblauchzehe*
*1 EL Sesamsamen*
*500 g Putenfilet*
*Salz · Pfeffer*
*2 EL Sesamöl*
*Fruchtzucker*
*Chilipulver*
*2 EL Sojasauce*
*4 EL Geflügelbrühe*
*(siehe Rezept S. 42)*
*1 Bund Koriander*

1 Pak-Choi putzen, waschen und in Streifen schneiden. Die Paprikaschote waschen, entkernen und ebenfalls in Streifen schneiden. Möhre schälen und in feine Streifen schneiden. Ingwer schälen und fein reiben. Knoblauch schälen und hacken. Die Sesamsamen in einer Pfanne ohne Fett rösten.

2 Das Putenfilet waschen und trockentupfen. In dünne Scheiben schneiden und mit Salz und Pfeffer würzen. Das Sesamöl in einem Wok oder einer Pfanne stark erhitzen und die Putenstreifen darin unter Wenden goldbraun anbraten. Herausnehmen und warm stellen.

3 Pak-Choi-, Paprika- und Möhrenstreifen im Wok anbraten, Knoblauch und Ingwer hinzufügen. Gemüse mit Salz, Fruchtzucker, Chilipulver und Pfeffer würzen. Sojasauce und Geflügelbrühe hinzufügen. Die Putenstreifen unterheben. Mit den fein gehackten Korianderblättchen und den gerösteten Sesamsamen garnieren.

TIPP: *Pak-Choi bekommen Sie in Asienläden und auf Wochenmärkten. Sie können den langstieligen Kohl aber auch durch Mangold oder Spinat ersetzen.*

*273 kcal/1145 kJ · 31 g EW · 14 g F · 6 g KH · 83 mg Cholesterin · 0 BE*

# Stubenküken auf Avocado

*100 g Schweinenetz*
*4 Stubenküken*
*(ca. 400 g)*
*Salz · Pfeffer*
*2 EL Pflanzenöl*
*2 Avocados*
*120 g saure Sahne*
*Saft von ½ Zitrone*
*2 TL Olivenöl*
*2 Tomaten*

1 Das Schweinenetz in lauwarmem Wasser einweichen. Die Stubenküken auf den Rücken legen. Die Schenkel etwas vom Rumpf wegziehen und mit einem scharfen Messer jeweils im Gelenk durchtrennen.

2 Das Brustfleisch mit einem scharfen Messer am Brustbein entlang teilen. Die Bruststücke vom Knochen lösen und häuten (restliches Fleisch und das Knochengerüst anderweitig verwenden, z. B. für eine Geflügelbrühe).

3 Je ein Bruststück und eine Keule der Stubenküken übereinander legen und mit Salz und Pfeffer würzen. Das Schweinenetz ausbreiten, trockentupfen und in acht Stücke schneiden. Brust und Keule vorsichtig in das Schweinenetz einschlagen.

4 Backofen auf 160 °C vorheizen. Das Pflanzenöl in einer ofenfesten Pfanne erhitzen und das Fleisch darin langsam auf beiden Seiten goldgelb braten. Im Backofen in 10 Minuten fertig garen.

5 Die Avocados schälen, in dünne Scheiben schneiden und fächerartig auf Teller verteilen. Kurz in den Backofen schieben und erwärmen. Die saure Sahne mit Zitronensaft und Olivenöl verrühren und mit Salz und Pfeffer abschmecken.

6 Die Tomaten überbrühen, häuten, halbieren und entkernen. Die Hälften in kleine Würfel schneiden. Tomatenwürfel unter die Saure-Sahne-Sauce rühren.

7 Die Saure-Sahne-Sauce über die Avocados geben. Die Keulen-Päckchen darauf anrichten und servieren.

TIPP: *Das Schweinenetz besteht aus einem feinen Fettgewebe und löst sich beim Braten fast vollständig auf. Es eignet sich zum Umhüllen empfindlicher Gerichte, die beim Braten geschützt werden sollen.*

412 kcal/1722 kJ · 22 g EW · 35 g F · 3 g KH · 121 mg Cholesterin · 0 BE

# Gefüllte Perlhuhnbrust

*4 Perlhuhnbrüste (à 120–140 g)*
*40 g Taleggio (italienischer Weichkäse)*
*Salz · Pfeffer*
*4 EL Olivenöl*
*¼ Knollensellerie*
*2 mittelgroße Kartoffeln*
*Muskatnuss*

**1** Backofen auf 160 °C vorheizen. In die Perlhuhnbrüste jeweils eine kleine Tasche schneiden, mit einem Stück Käse füllen und wieder zuklappen. Mit Salz und Pfeffer würzen. 2 EL Olivenöl in einer ofenfesten Pfanne erhitzen und die Perlhuhnbrüste darin auf beiden Seiten knusprig braten. Im Backofen in 10 Minuten fertig garen.

**2** Sellerie schälen und zuerst in Scheiben, dann in feine Streifen schneiden. In Salzwasser kurz blanchieren, kalt abschrecken und trockentupfen. Die Kartoffeln schälen und auf einer Küchenreibe grob raspeln. Mit Salz, Pfeffer und Muskatnuss würzen. Die Selleriestreifen mit den Kartoffeln mischen.

**3** In einer Pfanne 1 EL Olivenöl erhitzen. Die Kartoffelmasse in vier Häufchen ins heiße Fett setzen. Die Häufchen flach drücken und von beiden Seiten goldgelb backen. Beim Wenden eventuell noch etwas Öl zugeben. Die Perlhuhnbrüste auf den Reibekuchen anrichten und vor dem Servieren mit etwas Olivenöl beträufeln.

*358 kcal/1496 kJ · 31 g EW · 23 g F · 8 g KH · 88 mg Cholesterin · ½ BE*

# Hähnchen mit Fenchel und Artischocken

*2 Hähnchen (à 1 kg)*
*1 Fenchelknolle*
*2 Artischocken*
*4 Kartoffeln*
*Salz · Pfeffer*
*2 EL Olivenöl*
*2 Thymianzweige*
*1 Knoblauchzehe*
*200 ml Geflügelbrühe (siehe Rezept S. 42)*
*½ Bund Petersilie*

**1** Hähnchen vom Metzger auf „amerikanische Art" zerlegen lassen: die Keulenstücke mit Knochen halbieren, die Flügel an den Schultergelenken durchtrennen und den Torso mit den Knochen sechsteln.

**2** Gemüse putzen. Den Fenchel mit dem Strunk in Scheiben, die Artischocken in Spalten schneiden. Die Kartoffeln schälen und in Würfel schneiden.

**3** Backofen auf 180 °C vorheizen. Die Hähnchenteile mit Salz und Pfeffer würzen. Olivenöl in einem Bräter erhitzen, die Hähnchenteile darin von allen Seiten goldgelb anbraten und herausnehmen. Gemüse im Bräter anbraten, mit Salz und Pfeffer würzen. Thymianzweige und die ungeschälte, zerdrückte Knoblauchzehe hinzufügen. Die Hähnchenstücke zum Gemüse geben und die Geflügelbrühe angießen.

**4** Hähnchen zugedeckt im Backofen 40 bis 45 Minuten schmoren. Petersilie waschen, die Blättchen fein hacken. Das Hähnchen mit Petersilie bestreut servieren.

*519 kcal/2169 kJ · 66 g EW · 23 g F · 11 g KH · 246 mg Cholesterin · ½ BE*

# Hähnchenbrust in Lavendelsud

*2 Kartoffeln*
*1 Möhre*
*1 Selleriestange*
*½ Lauchstange*
*½ l Geflügelbrühe*
*(siehe Rezept S. 42)*
*Salz · Pfeffer*
*4 Hähnchenbrustfilets*
*(à 120 g)*
*½ Bund glatte*
*Petersilie*
*3 Lavendelstiele*
*mit Blüten*

**1** Kartoffeln, Möhre und Sellerie schälen. Kartoffeln und Möhre erst in Scheiben, dann in Rauten schneiden. Sellerie schräg in Scheiben schneiden. Lauch putzen, waschen und in Rauten schneiden.

**2** Die Geflügelbrühe aufkochen und mit Salz und Pfeffer abschmecken. Zuerst die Kartoffeln, anschließend den Sellerie und die Möhren und zum Schluss den Lauch in die Brühe geben und darin garen.

**3** Hähnchenbrüste waschen und trockentupfen. Mit Salz und Pfeffer würzen, in die Brühe geben und darin in 12 Minuten bei schwacher Hitze gar ziehen lassen. Zum Servieren das Fleisch herausnehmen, in Scheiben schneiden und wieder in die Brühe zurückgeben. Petersilienblättchen fein hacken und darüber streuen. Die Lavendelblüten hinzufügen.

**TIPP:** *In den Hochsommermonaten sollten Sie möglichst frischen Lavendel verwenden. Getrockneten Lavendel sparsam dosieren, da er sehr intensiv im Geschmack ist.*

*261 kcal/1093 kJ · 32 g EW · 10 g F · 9 g KH · 92 mg Cholesterin · ½ BE*

# Fasanenbrust im Wirsingblatt

*60 g Schweinenetz*
*4 Fasanenbrüste*
*(à 100–120 g)*
*Salz · Pfeffer*
*4 schöne Wirsingblätter*
*2 TL Sahne*
*2 EL Pflanzenöl*
*40 g Butter*
*300 g Kürbisfleisch*
*2 Schalotten*
*½ TL Kümmel*
*1 TL Tomatenmark*
*1 EL Crème fraîche*

1 Schweinenetz in lauwarmem Wasser einweichen. Die Fasanenbrüste mit Salz und Pfeffer würzen. Reichlich Salzwasser in einem Topf aufkochen und die Wirsingblätter darin kurz blanchieren. Mit kaltem Wasser abschrecken und trockentupfen.

2 Backofen auf 160 °C vorheizen. Die Filets der Fasanenbrüste ablösen und die Sehne herausschneiden. Filets kurz kalt stellen.

3 Gekühlte Filets im Blitzhacker mit der Sahne und etwas Salz zu einer glatten Farce verarbeiten. Die Fasanenbrüste damit bestreichen und in die Wirsingblätter einschlagen.

4 Das Schweinenetz ausbreiten, trockentupfen und in vier Stücke schneiden. Die Wirsingpäckchen darin einschlagen. Öl und 20 g Butter in einer ofenfesten Pfanne aufschäumen und die Wirsingpäckchen darin auf allen Seiten anbraten. In den Backofen stellen und in etwa 12 Minuten fertig garen.

5 Das Kürbisfleisch grob raspeln und leicht salzen. Schalotten schälen und in Würfel schneiden. In einem Topf die restliche Butter schmelzen und die Schalotten darin glasig dünsten. Kürbisfleisch ausdrücken (das geht am besten mit einem feinen Mulltuch) und mit dem gehackten Kümmel dazugeben. Das Tomatenmark unterrühren. Kürbisgemüse zugedeckt etwa 30 Minuten schmoren, bis die gesamte Flüssigkeit eingekocht ist.

6 Das Kürbisgemüse mit Salz und Pfeffer abschmecken und die Crème fraîche unterrühren. Die Wirsingpäckchen in Scheiben schneiden und auf dem Kürbisgemüse anrichten.

**TIPP:** *Kaufen Sie möglichst frischen Fasan, da gefrorener oft strohig und trocken wird. Die Saison dauert von Oktober bis Dezember. Als Beilage zur Fasanenbrust können Sie ohne großen Aufwand „Stroh-Kartoffeln" zubereiten: einfach 800 g Kartoffeln schälen, in möglichst dünne Scheiben und dann längs in feine Streifen schneiden. Die Streifen in der Fritteuse bei 190 °C kurz goldbraun frittieren und vor dem Servieren auf Küchenpapier abtropfen lassen.*

300 kcal/1260 kJ · 25 g EW · 19 g F · 6 g KH · 105 mg Cholesterin · 0 BE

# Gänsekeule mit Rotkohlsalat

*2 Orangen (unbehandelt)*
*2 TL Traubenkernöl*
*1 TL Aceto Balsamico*
*½ TL Johannisbeergelee (ohne Zucker)*
*Salz · Pfeffer*
*Fruchtzucker*
*1 Gewürzbeutelchen*
*¼ Kopf Rotkohl*
*100 g Gemüse (Möhre, Sellerie, Zwiebeln)*
*4 Gänsekeulen (600 g)*
*4 EL Pflanzenfett*

**1** Für die Marinade die Orangenschale mit einem Zestenreißer in Streifen abziehen und die Orangen auspressen. Orangensaft, Traubenkernöl, Essig und Johannisbeergelee verrühren. Mit Salz, Pfeffer und dem Fruchtzucker würzen. Die Orangenschalenstreifen unterrühren und das Gewürzbeutelchen (1 Lorbeerblatt, etwas Thymian, einige Wacholderbeeren und Pfefferkörner) hineingeben.

**2** Vom Rotkohl den Strunk entfernen und die Blätter in sehr feine Streifen schneiden. Mit der Marinade mischen, nochmals abschmecken und kräftig durchkneten. Rotkohlsalat ziehen lassen. Gewürzbeutel vor dem Servieren entfernen.

**3** Backofen auf 160 °C vorheizen. Das Gemüse schälen und in Würfel schneiden. Die Gänsekeulen mit Salz und Pfeffer würzen. Fett in einem Bräter erhitzen und die Keulen darin auf beiden Seiten anbraten. Das Fleisch wieder herausnehmen und das Gemüse kurz anbraten.

**4** Gänsekeulen auf das Gemüse setzen und im Backofen etwa 1 ½ Stunden schmoren, bis sich das Fleisch leicht vom Knochen lösen lässt, dabei häufig mit der Schmorflüssigkeit begießen. Die Gänsekeulen auf dem Rotkohlsalat servieren.

*391 kcal/1635 kJ · 23 g EW · 30 g F · 8 g KH · 129 mg Cholesterin · 0 BE*

# Maispoularde aus dem Römertopf

*1 Maispoularde (ca. 1,2 kg)*
*Salz · Pfeffer*
*3 EL Olivenöl*
*4 mittelgroße Kartoffeln*
*1 Lauchstange*
*4 Tomaten*
*1 Bund Koriander*
*¼ l Geflügelbrühe (siehe Rezept S. 42)*

**1** Den Römertopf vor Gebrauch wässern. Die Poularde waschen und trockentupfen, innen und außen mit Salz und Pfeffer würzen. Das Olivenöl in einer Pfanne erhitzen, die Poularde darin rundherum anbraten und in den Römertopf setzen.

**2** Backofen auf 160 °C vorheizen. Die Kartoffeln schälen und achteln. Den Lauch putzen, waschen und in dicke Ringe schneiden. Tomaten überbrühen, häuten und entkernen. Koriander waschen, die Blättchen abzupfen und beiseite legen. Gemüse zur Poularde geben und mit Salz und Pfeffer würzen. Die Geflügelbrühe angießen. Die Korianderstiele mit Küchengarn umwickeln und dazugeben. Den Römertopf zugedeckt in den Ofen stellen und die Poularde etwa 1 ½ bis 2 Stunden schmoren.

**3** Das Poulardenfleisch auslösen und auf dem Gemüse anrichten. Mit den Korianderblättchen bestreuen. Die Sauce nach Belieben mit etwas Olivenöl binden.

*810 kcal/3389 kJ · 43 g EW · 64 g F · 18 g KH · 155 mg Cholesterin · 1 BE*

# Taube auf Brokkolipüree

*4 Tauben (à 300 g)*
*Salz · Pfeffer*
*3 EL Olivenöl*
*250 g Brokkoli*
*2 EL Sahne*

**1** Die Tauben mit Küchengarn dressieren. Dafür Flügel und Halshaut nach unten stecken, Bürzel und Schenkel zusammenbinden. Die Schnurenden an den Seiten entlangziehen und um die Schenkel schlingen. Das Garn nach unten ziehen und auf der Rückenseite verknoten, um die Flügel festzubinden.

**2** Backofen auf 180 °C vorheizen. Die Tauben salzen und pfeffern. Olivenöl in einer ofenfesten Pfanne erhitzen und die Tauben darin rundherum anbraten. Im Backofen auf der Keulenseite und auf dem Rücken jeweils 4 Minuten garen. Tauben aus dem Ofen nehmen und ruhen lassen, damit sich der Saft wieder verteilen kann und die Brust schön rosa bleibt. Die Keulen auslösen und in etwas Olivenöl in der Pfanne nachbraten. Die Brüste auslösen und von beiden Seiten kurz mitbraten.

**3** Brokkoli putzen, waschen und in Röschen teilen. Die Stiele in Scheiben schneiden. Die Hälfte der Röschen in reichlich Salzwasser garen. Kalt abschrecken und abtropfen lassen. Mit dem Stabmixer pürieren, dabei die Sahne zufügen und mit Salz und Pfeffer abschmecken. Das Püree durch ein Sieb streichen. Die restlichen Brokkoliröschen in Salzwasser blanchieren und unter das Püree heben. Mit den Taubenbrüsten und -keulen anrichten.

521 kcal/2179 kJ · 54 g EW · 33 g F · 2 g KH · 280 mg Cholesterin · 0 BE

# Gefüllte Wachteln

*4 Wachteln (Karkassen und ausgelöstes Fleisch) · 4 EL Olivenöl*
*150 g Gemüsewürfel*
*1 TL Tomatenmark*
*20 g Senfkörner*
*3 EL Apfelsaft*
*2 Schalotten*
*100 g Mischbrot*
*5 EL Milch · 40 g Butter*
*80 g Steinpilze*
*1 Eigelb*
*½ Bund Petersilie*
*Salz · Pfeffer*
*Muskatnuss*

**1** Die Wachtelkarkassen in Stücke hacken. 2 EL Olivenöl erhitzen und die Knochen darin anrösten. Gemüsewürfel (Möhre, Sellerie, Lauch) dazugeben. Das Tomatenmark unterrühren. Kaltes Wasser angießen, bis alles gerade bedeckt ist. Etwa 1 Stunde leicht köcheln lassen. Sauce durch ein Sieb streichen und einkochen. Die Senfkörner im Apfelsaft weich kochen und in die Sauce geben.

**2** Schalotten schälen und in kleine Würfel schneiden. Brot in Würfel schneiden. Die Milch aufkochen. 20 g Butter zerlassen, die Schalotten darin andünsten und zu den Brotwürfeln geben. Die heiße Milch darüber gießen, etwa 10 Minuten ziehen lassen.

**3** Die Steinpilze putzen, in Würfel schneiden und in 1 EL Olivenöl goldgelb braten. Die Pilze mit dem Eigelb und der gehackten Petersilie unter die Brotmasse rühren. Gut vermischen und mit Salz, Pfeffer und Muskatnuss würzen.

**4** Backofen auf 180 °C vorheizen. Die Wachteln innen und außen mit Salz und Pfeffer würzen, mit der Masse füllen und auf gebutterte Alufolie setzen. Die Folie rundherum falzen. Wachteln mit etwas Olivenöl bestreichen und im Ofen in 20 Minuten garen. Mit der Sauce servieren. Dazu passt Blattspinat mit Pinienkernen.

*605 kcal/2531 kJ · 45 g EW · 40 g F · 15 g KH · 167 mg Cholesterin · 1 BE*

# Fleisch

(VON ENTRECOTE BIS TAFELSPITZ)

# Lammrücken in Salzkruste

*2 ausgelöste Lammrücken (à 300 g)*
*Salz · Pfeffer*
*8 dünne Scheiben grüner Speck*
*3 Eiweiß*
*1 kg grobes Meersalz*
*je 2–3 Thymian- und Rosmarinzweige*
*1 Schalotte*
*6 Möhren*
*20 g frischer Ingwer*
*30 g Butter*
*½ TL Fruchtzucker*
*etwas Mineralwasser*

**1** Backofen auf 200 °C vorheizen. Das Lammfleisch mit Salz und Pfeffer würzen. Mit den Speckscheiben umwickeln und mit Küchengarn befestigen. Eiweiß mit einem Schneebesen leicht schaumig schlagen und unter das Meersalz rühren. Falls nötig, noch etwas Wasser zugeben, sodass ein formbarer Teig entsteht.

**2** Den Boden einer flachen, ofenfesten Pfanne mit Alufolie auslegen und mit etwas Salzmasse bestreichen. Die Lammrücken darauf setzen und mit den Thymian- und Rosmarinzweigen belegen. Die Lammrücken gründlich mit der restlichen Salzmasse bestreichen, sodass sie ganz ummantelt sind. Im heißen Ofen etwa 15 bis 20 Minuten braten.

**3** Die Schalotte schälen und in sehr kleine Würfel schneiden. Möhren schälen und in hauchdünne Scheiben schneiden. Ingwer schälen und sehr fein reiben.

**4** Die Butter in einem Topf schmelzen. Schalotten und Möhren darin andünsten. Mit Salz, Pfeffer und Fruchtzucker würzen und das Mineralwasser angießen. Zugedeckt in 8 bis 10 Minuten gar kochen und mit dem Ingwer abschmecken.

**5** Den Lammrücken aus dem Backofen nehmen und das Salz mithilfe eines Löffels aufschlagen. Das Fleisch aus der Kruste nehmen und in Scheiben schneiden. Mit dem Möhrengemüse anrichten.

**TIPP:** *Die Salzkruste eignet sich auch hervorragend zum Garen von Fischen, wie z. B. Seewolf. Sie können die Salzkruste auch mit Mehl zu einem festeren Teig verarbeiten. Für diesen Salzteig verkneten Sie 250 g Mehl, 1 kg Meersalz, 2 Eier und so viel Wasser, bis ein geschmeidiger Teig entstanden ist, den Sie ausrollen können.*

*465 kcal/1948 kJ · 43 g EW · 28 g F · 8 g KH · 127 mg Cholesterin · 0 BE*

# Schweinefilet im Pilzmantel

*200 g Schweinenetz*
*2 Schweinefilets (à 300 g)*
*Salz · Pfeffer*
*7 EL Pflanzenöl*
*100 g Champignons*
*100 g Pfifferlinge*
*50 g Butter*
*2 Schalotten*
*1 Bund glatte Petersilie*
*etwas grobes Meersalz*
*je 5 EL Rot- und Portwein*

**1** Das Schweinenetz in lauwarmem Wasser einweichen. Die Schweinefilets mit Salz und Pfeffer würzen und in 3 EL Öl rundherum anbraten. Das Fleisch aus der Pfanne nehmen, trockentupfen und kalt stellen.

**2** Champignons und Pfifferlinge putzen und fein hacken. 50 g Butter und 1 EL Öl in einer Pfanne erhitzen und die Pilze darin dünsten. Schalotten schälen, in feine Würfel schneiden und dazugeben. Mit Salz und Pfeffer würzen. Die Petersilie waschen und trockenschütteln. Die Blättchen abzupfen, fein hacken und unter die Pilze geben.

**3** Das Schweinenetz trockentupfen und vorsichtig ausbreiten. Die gedünsteten Pilze rundum an die Schweinefilets drücken. Die Filets fest in das Schweinenetz einrollen und mit Küchengarn umwickeln.

**4** Backofen auf 180 °C vorheizen. Die eingewickelten Filets in 3 EL Öl rundherum anbraten, aus der Pfanne nehmen und auf den Backrost setzen. Etwa 12 bis 15 Minuten im Ofen garen, dabei eine Saftpfanne oder das mit Alufolie ausgelegte Backblech unter den Rost schieben. Das Fleisch aus dem Ofen nehmen, in Alufolie einwickeln und ruhen lassen. Den Bratensaft beiseite stellen.

**5** Das Meersalz in eine flache, ofenfeste Form geben und die Schalotten darauf setzen. Im heißen Backofen in etwa 15 Minuten garen, anschließend schälen.

**6** Rot- und Portwein sirupartig einkochen lassen. Mit dem aufgefangenen Bratensaft auffüllen und nochmals einkochen lassen. Das Schweinefilet aus dem Küchengarn lösen und in gleichmäßige Medaillons schneiden. Mit den Schalotten und etwas Weinsauce auf Tellern anrichten.

*561 kcal/2349 kJ · 45 g EW · 39 g F · 3 g KH · 152 mg Cholesterin · 0 BE*

# Lammkoteletts mit Auberginen

*2 Auberginen*
*Salz*
*etwas grobes Meersalz*
*5 EL Olivenöl*
*1 Prise Currypulver*
*12 Lammkoteletts*
*Pfeffer*
*2 Rosmarinzweige*
*Fett zum Ausbacken*

**1** Die Auberginen waschen und trockentupfen. Eine Aubergine der Länge nach halbieren, die andere in hauchdünne Scheiben schneiden. Auberginenscheiben salzen und 15 bis 30 Minuten Wasser ziehen lassen.

**2** Backofen auf 160 °C vorheizen. Die Auberginenhälften mehrmals leicht einritzen und salzen. Eine ofenfeste Form mit Meersalz ausstreuen und die Auberginenhälften mit den Schnittflächen nach unten darauf setzen. Auberginen im heißen Ofen in etwa 20 Minuten garen.

**3** Die Auberginen aus dem Ofen nehmen und das Fruchtfleisch mit einem Löffel aus der Schale lösen. Das Auberginenfleisch mit 2 EL Olivenöl und dem Currypulver mit dem Stabmixer zu einer glatten Creme pürieren. Mit Salz abschmecken und warm halten.

**4** Die Lammkoteletts mit Salz und Pfeffer würzen. Restliches Olivenöl in einer Pfanne erhitzen. Die Lammkoteletts darin in etwa 3 Minuten pro Seite schön rosa braten. Mit Rosmarinnadeln bestreuen.

**5** Die Auberginenscheiben gründlich abspülen und gut trockentupfen. Das Fett in einer Pfanne erhitzen und die Auberginenscheiben darin schwimmend ausbacken.

**6** Jeweils etwas Auberginenpüree auf eine gebratene Auberginenscheibe geben und je drei Scheiben übereinander schichten. Die Lammkoteletts mit den Auberginen anrichten.

*572 kcal/2394 kJ · 32 g EW · 48 g F · 3 g KH · 99 mg Cholesterin · 0 BE*

# Tafelspitz auf Blattspinat

*6 schöne Rinderknochen*
*1 Zwiebel*
*1 Tafelspitz (ca. 1 kg)*
*Salz*
*1 Bouquet garni (Kräutersträußchen, z. B. Petersilie, Thymian, Lorbeerblatt)*
*400 g junger Blattspinat*
*1 Knoblauchzehe*
*2 Schalotten*
*1 EL Olivenöl*
*Pfeffer*
*1 Bund Radieschen*
*1 EL Champagneressig*
*2 EL Traubenkernöl*
*1 Bund Gartenkresse (ersatzweise 1 Kästchen Kresse)*

**1** In einem Topf reichlich Wasser aufkochen. Die Rinderknochen im kochenden Wasser blanchieren, abgießen und kurz abspülen. Einen großen Topf auf der Kochplatte stark erhitzen. Die Zwiebel halbieren, mit den Schnittflächen nach unten in den Topf geben und rösten. Herausnehmen und beiseite legen.

**2** 2 l kaltes Wasser in den Topf geben, die Knochen dazugeben und erhitzen. Etwa 10 Minuten leicht köcheln lassen und den aufsteigenden Schaum abschöpfen. Tafelspitz mit kaltem Wasser abspülen und in die heiße Brühe legen. Die Brühe leicht salzen und den Tafelspitz zugedeckt köcheln lassen.

**3** Nach etwa 1 Stunde Garzeit das Bouquet garni und die Röstzwiebel zum Fleisch geben. Etwa 1 Stunde weiterköcheln lassen.

**4** Blattspinat gründlich verlesen, falls nötig waschen und in einem Sieb gut abtropfen lassen. Die ungeschälte Knoblauchzehe mit einem Messer zerdrücken. Schalotten schälen und in sehr kleine Würfel schneiden. Olivenöl in einer Pfanne erhitzen. Knoblauch und Schalotten in die Pfanne geben. Den Blattspinat dazugeben, mit Salz und Pfeffer würzen und abdecken. Spinat vom Herd ziehen und gar ziehen lassen.

**5** Die Radieschen waschen, vom Strunk befreien und in feine Scheiben schneiden. Champagneressig und Traubenkernöl mit etwas Salz verrühren. Die Radieschen mit der Marinade mischen.

**6** Den Tafelspitz aus der Brühe heben und gegen die Faser in Scheiben schneiden. Tafelspitz auf dem Spinatbett anrichten und den Radieschensalat darauf setzen. Mit Kresse bestreut servieren.

**TIPP:** *Am nächsten Tag können Sie den restlichen Tafelspitz mit der kräftigen Brühe oder als kalte Vorspeise mit Chicoréesalat (siehe Rezept S. 32) servieren.*

410 kcal/1712 kJ · 56 g EW · 19 g F · 3 g KH · 0 mg Cholesterin · 0 BE

# Pochiertes Kalbsfilet mit Lauchgemüse

*1 l kräftige Rinderconsommé (ersatzweise Rinderfond)*
*1 Kalbsfilet (Mittelstück; ca. 600 g)*
*Salz · Pfeffer*
*2 EL Olivenöl*
*1 Lauchstange*
*20 g Butter*
*2 Tomaten*
*1 EL grober Senf (Moutarde de Meaux)*
*½ Bund glatte Petersilie*

**1** Die Consommé aufkochen. Das Kalbsfilet mit Salz und Pfeffer würzen. Das Olivenöl in einer Pfanne erhitzen und das Kalbsfilet darin rundherum bei starker Hitze scharf anbraten. Herausnehmen, trockentupfen und in die heiße Consommé legen. Die Suppe sollte möglichst kräftig abgeschmeckt sein. Etwa 20 Minuten bei schwacher Hitze ziehen lassen.

**2** Den Lauch putzen, waschen und schräg in dünne Scheiben schneiden. Die Butter in einem Topf schmelzen und den Lauch darin andünsten. Mit Salz und Pfeffer würzen und 10 Minuten weiterdünsten.

**3** Tomaten überbrühen, häuten, halbieren und entkernen. Die Hälften in Würfel schneiden. Petersilie waschen und trockenschütteln. Die Blättchen abzupfen und fein hacken. Die Petersilie mit den Tomatenwürfeln und dem Senf unter den Lauch rühren. Das Kalbsfilet in Scheiben schneiden und auf dem Gemüse anrichten.

**TIPP:** *Anstelle des Kalbsfilets eignet sich auch Rinderfilet oder Lammrücken.*

*447 kcal/1875 kJ · 35 g EW · 32 g F · 5 g KH · 128 mg Cholesterin · 0 BE*

# Geschmorte Kalbsbeinscheiben

*2 Schalotten*
*1 große Möhre*
*125 g Knollensellerie*
*1 Lauchstange*
*½ Knoblauchzehe*
*4 Kalbsbeinscheiben*
*Salz · Pfeffer*
*3 EL Olivenöl*
*½ EL Tomatenmark*
*½ l Rinderbrühe*
*(siehe Rezept S. 42)*
*1 EL passierte Tomaten*
*(aus der Dose)*

**FÜR DIE GREMOLATA:**
*½ Knoblauchzehe*
*je 3 Stiele Estragon,*
*Petersilie und Thymian*
*je 1 TL Zitronen-*
*und Orangenschale*
*(unbehandelt)*

**1** Schalotten, Möhre und Sellerie schälen und in kleine Würfel schneiden. Lauch putzen, waschen und ebenfalls in kleine Würfel schneiden. Knoblauch schälen und fein hacken.

**2** Die Kalbsbeinscheiben mit Salz und Pfeffer würzen. 2 El Olivenöl in einer Pfanne erhitzen und die Beinscheiben auf beiden Seiten goldbraun anbraten.

**3** Backofen auf 180 °C vorheizen. In einem Bratentopf das restliche Olivenöl erhitzen und die Schalotten und den Knoblauch darin andünsten. Gemüsewürfel hinzufügen und mitandünsten.

**4** Tomatenmark unterrühren und die Brühe und die passierten Tomaten angießen. Mit Salz und Pfeffer würzen. Die Kalbsbeinscheiben auf das Gemüse legen. Zugedeckt im Backofen etwa 1 ½ Stunden schmoren lassen.

**5** Das Fleisch herausnehmen und warm halten. Die Sauce noch etwas einkochen laasen, gegebenenfalls mit etwas Stärke binden.

**6** Für die Gremolata Knoblauch und Kräuter fein hacken, mit der abgeriebenen Zitronen- und Orangenschale mischen und in die Sauce rühren. Die Beinscheiben mit der Sauce anrichten. Als Beilage passt besonders gut Kartoffelpüree.

**TIPP:** *Gremolata ist eine italienische Kräutermischung, die aus Mailand stammt. Sie wird zum Würzen von Fleisch verwendet und eignet sich auch sehr gut für Lammgerichte.*

*368 kcal/1536 kJ · 38 g EW · 18 g F · 12 g KH · 114 mg Cholesterin · 0 BE*

# Gekochte Rinderschulter

*4 Rinderknochen (pariert)*
*1 flache Rinderschulter (ca. 1 kg)*
*1 Zwiebel · Salz*
*250 g Gemüsewürfel (Möhre, Lauch, Sellerie)*
*3 Rote Beten*
*1 EL Champagneressig*
*2 EL Traubenkernöl*
*Pfeffer · 1 Bund Schnittlauch · 1 Apfel*
*1 Stück frische Meerrettichwurzel*
*Saft von ½ Zitrone*

**1** Rinderknochen und -schulter in reichlich kochendem Wasser kurz blanchieren, abgießen und abwaschen. Den Topf stark erhitzen. Die Zwiebel halbieren, mit den Schnittflächen nach unten in den Topf geben, rösten und beiseite legen. 2 l kaltes Wasser in den Topf geben. Die Knochen hinzufügen, aufkochen und anschließend die Rinderschulter dazugeben. Die Brühe salzen.

**2** Nach 1 ½ Stunden Gemüsewürfel und Zwiebel in den Topf geben. Trübstoffe und Schaum in regelmäßigen Abständen abschöpfen. Das Fleisch muss 2 ½ Stunden garen und ist fertig, wenn sich eine Gabel, die man hineinsticht, leicht herausziehen lässt.

**3** Die Roten Beten in wenig Salzwasser in etwa 1 Stunde gar kochen, schälen und in feine Scheiben schneiden. Essig und Öl mit etwas Salz und Pfeffer verrühren. Schnittlauch in Röllchen schneiden. Die Hälfte der Schnittlauchröllchen in die Marinade geben. Die Roten Beten mit der Marinade mischen. Apfel und Meerrettich schälen, fein reiben und mischen. Den Zitronensaft unterrühren. Das Fleisch in dünne Scheiben schneiden und mit dem restlichen Schnittlauch bestreuen. Mit dem Rote-Bete-Salat und dem Apfel-Meerrettich servieren.

*491 kcal/2055 kJ · 53 g EW · 24 g F · 14 g KH · 175 mg Cholesterin · 1 BE*

# Entrecote mit Graupenkruste

*2 Schalotten*
*20 g Butter*
*40 g Graupen*
*¼ l Geflügelbrühe*
*(siehe Rezept S. 42)*
*Salz · Pfeffer*
*20 g Parmesan*
*1 Eigelb*
*2 Tomaten*
*3 EL Olivenöl*
*4 Entrecotes (à 140 g)*
*1 Bund Estragon*

**1** Schalotten schälen und in sehr kleine Würfel schneiden. Butter in einer Pfanne schmelzen und die Hälfte der Schalotten darin andünsten. Die Graupen hinzufügen und etwas Brühe angießen, salzen und pfeffern. Nach und nach die restliche Brühe dazugießen. Wenn die Graupen weich sind, mit dem geriebenen Parmesan zu einer glatten Masse verrühren und abschmecken. Das Eigelb unterziehen.

**2** Backofen auf 180 °C vorheizen. Tomaten überbrühen, häuten, vierteln und entkernen. In einer Pfanne 1 EL Olivenöl erhitzen, restliche Schalottenwürfel hinzufügen und die Tomaten darin schmoren. Mit Salz und Pfeffer würzen.

**3** Restliches Olivenöl in einer ofenfesten Pfanne erhitzen. Entrecotes von beiden Seiten anbraten, damit sie Farbe bekommen. Auf der Oberseite mit der Graupenmasse bestreichen und im Backofen etwa 15 Minuten goldgelb überbacken. Estragonblättchen fein hacken. Das Fleisch auf den geschmorten Tomaten anrichten und mit dem Estragon bestreuen.

*435 kcal/1819 kJ · 32 g EW · 30 g F · 9 g KH · 169 mg Cholesterin · ½ BE*

•

# Hasenrücken auf Wirsinggemüse

*½ Kopf Wirsing*
*Salz · 1 Schalotte*
*40 g durchwachsener*
*Speck · 40 g Butter*
*250 g Gemüsewürfel*
*(Möhre, Sellerie, Lauch)*
*Pfeffer · 2 EL Sahne*
*Saft von ½ Zitrone*
*2 EL Pflanzenöl*
*8 Wacholderbeeren*
*1 Thymianzweig*
*4 Hasenrückenfilets*
*(pariert; à 150 g)*

**1** Den Wirsing halbieren, den harten Strunk herausschneiden und die Blätter in feine Streifen schneiden. In kochendem Salzwasser kurz blanchieren. Mit kaltem Wasser abschrecken und gut ausdrücken.

**2** Die Schalotte schälen und in sehr kleine Würfel schneiden. Den Speck ebenfalls in kleine Würfel schneiden. In einem Topf 20 g Butter schmelzen, den Speck und dann die Schalotten- und Gemüsewürfel darin andünsten.

**3** Den Wirsing hinzufügen, mit Salz und Pfeffer würzen und die Sahne dazugeben. Bei mittlerer Hitze einkochen lassen, bis der Wirsing eine püreeartige Konsistenz hat. Mit dem Zitronensaft abschmecken.

**4** Öl und restliche Butter in einer Pfanne erhitzen. Wacholderbeeren und Thymian ins Fett geben. Die Hasenrückenfilets darin bei mittlerer Hitze rosa braten. Das Fleisch schräg in Scheiben schneiden und auf dem Wirsingbett anrichten.

*423 kcal/1768 kJ · 38 g EW · 26 g F · 6 g KH · 135 mg Cholesterin · 0 BE*

# Spanferkelrücken auf Bayerisch Kraut

*¼ Kopf Weißkohl*
*50 g durchwachsener Speck*
*1 Zwiebel*
*1 TL Fruchtzucker*
*2 TL Obstessig*
*20 g Butter*
*½ EL Kümmel*
*Salz · Pfeffer*
*2 EL Sekt*
*2 Spanferkelrücken oder -karrees (am Knochen halbiert)*
*3 EL Pflanzenöl*
*2–3 Stiele glatte Petersilie*

**1** Den harten Strunk aus dem Weißkohl schneiden und die äußeren Blätter entfernen. Kohl in feine Streifen schneiden, waschen und gut trockentupfen. Den Speck in Streifen schneiden. Die Zwiebel schälen, halbieren und ebenfalls in Streifen schneiden.

**2** Backofen auf 160 °C vorheizen. Den Fruchtzucker in 2 EL Wasser auflösen und aufkochen. Den Zuckersirup weiterkochen, bis ein heller Karamell entstanden ist. Mit dem Obstessig ablöschen.

**3** Die Butter hinzufügen und die Speckstreifen darin kross ausbraten. Die Zwiebeln und später den Weißkohl dazugeben. Mit Kümmel und etwas Salz und Pfeffer würzen und mit dem Sekt ablöschen. Den Topf mit einem Deckel verschließen und das Gemüse etwa 45 Minuten schmoren lassen.

**4** Spanferkelrücken mit Salz und Pfeffer würzen. Das Öl in einem Bräter erhitzen und die Spanferkelrücken darin auf der Hautseite leicht anbraten. Wenden und im Backofen in etwa 40 Minuten knusprig braten.

**5** Das Kraut mit Salz und Pfeffer abschmecken. Die Petersilie waschen und die Blättchen abzupfen. Fein hacken und über das Kraut streuen. Spanferkelrücken auslösen und in Scheiben schneiden. Auf dem Bayerisch Kraut anrichten.

**TIPP:** *Spanferkelrücken ist mager und besonders zart. Gut geschützt durch Knochen und Fettschicht trocknet das Fleisch beim Braten nicht aus. Achten Sie darauf, dass Sie für das Bayerisch Kraut sehr frischen Kohl verwenden. Wurde der Kohl zu lange gelagert, schmeckt er muffig.*

*446 kcal/1867 kJ · 40 g EW · 29 g F · 5 g KH · 128 mg Cholesterin · 0 BE*

# Kaninchenfilet auf glasierten Möhren

*2 Möhren*
*2 mittelgroße Kohlrabi*
*1 Schalotte*
*30 g Butter*
*Salz · Pfeffer*
*100 ml Geflügelbrühe (siehe Rezept S. 42)*
*10 g frischer Ingwer*
*8 Kaninchenfilets (ca. 600 g)*
*2 EL Olivenöl*

**1** Möhren und Kohlrabi schälen und in feine Scheiben schneiden. Schalotte schälen und in sehr kleine Würfel schneiden. Butter schmelzen und die Schalottenwürfel darin glasig dünsten. Kohlrabi und Möhren hinzufügen, kurz unter Rühren anbraten und mit Salz und Pfeffer würzen. Die Geflügelbrühe angießen und das Gemüse zugedeckt bei mittlerer Hitze etwa 10 Minuten dünsten.

**2** Kurz bevor das Gemüse gar ist, den Deckel entfernen und die Flüssigkeit sirupartig einkochen lassen. Den Ingwer schälen, fein reiben und das Gemüse damit abschmecken.

**3** Die Kaninchenfilets mit Salz und Pfeffer würzen. Das Olivenöl in einer Pfanne erhitzen und die Kaninchenfilets darin rundherum goldbraun braten. Das Fleisch auf dem glasierten Gemüse anrichten.

**TIPP:** *Kaninchenfleisch ist sehr mager und hat einen feinen Geschmack. Es harmoniert gebraten auch mit verschiedenen Salaten gut, z. B. mit Rucola.*

*362 kcal/1514 kJ · 35 g EW · 22 g F · 6 g KH · 142 mg Cholesterin · 0 BE*

# Kalbsrahmgulasch

*800 g Kalbfleisch*
*Salz · Pfeffer*
*2 EL Paprikapulver (edelsüß) · 3 Zwiebeln*
*2 EL Pflanzenöl*
*1 EL Tomatenmark*
*1 l Kalbsfond*
*4 Kartoffeln · 20 g Butter*
*100 ml Milch*
*Muskatnuss*
*Gulaschgewürz (gehackter Kümmel und Knoblauch, abgeriebene Zitronenschale)*
*50 g Sahne*

**1** Das Kalbfleisch in etwa 2 cm große Würfel schneiden und mit Salz, Pfeffer und Paprikapulver würzen. Etwas ziehen lassen. Die Zwiebeln schälen, halbieren und in feine Streifen schneiden. Das Öl in einem flachen, ofenfesten Topf erhitzen. Die Zwiebeln darin bei mittlerer Hitze dünsten, dabei dürfen sie nicht braun werden.

**2** Backofen auf 180 °C vorheizen. Das Fleisch in den Topf geben und kurz anbraten. Tomatenmark unterrühren, nochmals leicht anrösten und den Fond angießen, sodass das Fleisch gerade bedeckt ist. Topf mit einem Deckel verschließen und das Gulasch im Ofen etwa 1 ½ bis 2 Stunden schmoren.

**3** Die Kartoffeln schälen, vierteln und in Salzwasser weich kochen. Abgießen und durch eine Kartoffelpresse drücken. Die weiche Butter mit einem Schneebesen unterschlagen. Die Milch erhitzen und unterrühren. Mit Salz, Pfeffer und Muskatnuss würzen. Das Gulasch aus dem Ofen nehmen und mit dem Gulaschgewürz abschmecken. Sahne schlagen und unterheben. Mit dem Kartoffelpüree servieren.

**TIPP:** *Mischen Sie das Fleisch schon 12 Stunden vorher mit dem Paprikapulver; so nimmt es den Geschmack des Gewürzes besonders gut auf.*

543 kcal/2274 kJ · 54 g EW · 22 g F · 30 g KH · 185 mg Cholesterin · 2 BE

# Reh-Medaillons mit Zimtpflaumen und Grießplätzchen

*180 ml Milch*
*180 g Sahne*
*50 g Butter · Salz*
*160 g Hartweizengrieß*
*2 Eier · Pfeffer*
*300 g Pflaumen*
*100 ml roter Traubensaft (naturrein)*
*½ TL Fruchtzucker*
*1 Zimtstange*
*1 TL Speisestärke*
*30 g Butter*
*600 g ausgelöster Rehrücken*
*2 EL Pflanzenöl*

**1** Für die Grießplätzchen Milch, Sahne und 80 ml Wasser mit der Butter und etwas Salz aufkochen. Den Grieß hineinrühren. Bei schwacher Hitze etwa 30 Sekunden weiterrühren, bis sich am Topfboden eine weißliche Schicht bildet. Mithilfe eines Handrührgerätes die Eier untermischen. Den Teig mit Salz und Pfeffer würzen und auf einem kalt abgespülten Blech dünn ausstreichen. Den Teig vollständig auskühlen lassen, mit Klarsichtfolie abdecken und in den Kühlschrank stellen.

**2** Die Pflaumen waschen, halbieren und entsteinen. Mit dem Traubensaft, dem Fruchtzucker und der Zimtstange in einen Topf geben und einkochen lassen. Speisestärke mit etwas kaltem Wasser anrühren und die Pflaumen damit binden, sodass die Flüssigkeit sirupartig ist.

**3** Backofen auf 180 °C vorheizen. Aus dem gut gekühlten Grießteig mit einem Glas Plätzchen ausstechen und auf eine ofenfeste Platte legen. Jeweils eine Butterflocke darauf setzen und die Plätzchen im heißen Ofen leicht überbacken.

**4** Den Rehrücken in gleichmäßige Medaillons schneiden und mit Salz und Pfeffer würzen. Öl und restliche Butter in einer Pfanne erhitzen und die Medaillons darin bei mittlerer Hitze in etwa 4 Minuten pro Seite rosa braten. Mit den Pflaumen und den Grießplätzchen servieren.

**TIPP:** *Die Grießplätzchenmasse am Vortag zubereiten und kühl stellen, so ist sie gut durchgekühlt und lässt sich besser ausstechen. Wenn Sie keine frischen Pflaumen bekommen, können Sie die Beilage auch mit 120 g Dörrpflaumen zubereiten; die Menge des Traubensafts dann verdoppeln.*

*780 kcal/3261 kJ · 44 g EW · 46 g F · 47 g KH · 221 mg Cholesterin · 4 BE*

# Desserts

( VON BAYERISCHER CREME BIS VANILLEEIS )

# Joghurt-Minze-Terrine mit Beerenragout

*7 ½ Blatt Gelatine*
*400 g Joghurt*
*200 g saure Sahne*
*Saft von 1 Zitrone*
*Schale von 1 ½ Zitronen (unbehandelt)*
*2 EL Fruchtzucker*
*200 g Sahne*
*8 Minzeblättchen*
*250 g Himbeeren*
*½ Vanilleschote*
*Schale von ½ Orange (unbehandelt)*
*300 g gemischte Beeren (z. B. Himbeeren und Erdbeeren)*

**1** Für die Terrine in kaltem Wasser 6 Blatt Gelatine einweichen. Joghurt und saure Sahne mit dem Zitronensaft und 1 EL abgeriebener Zitronenschale verrühren. 1 EL Fruchtzucker unterrühren. Die Gelatine gut ausdrücken und in etwas Joghurtcreme auflösen. Gründlich unter die restliche Joghurtcreme rühren.

**2** Die Sahne steif schlagen. Die Hälfte der Minzeblättchen in feine Streifen schneiden und mit der Sahne unter die Joghurtcreme heben. Die Creme in eine Terrinenform füllen und mindestens 3 Stunden (am besten sogar über Nacht) kalt stellen.

**3** Für das Beerenragout die Himbeeren mit dem restlichen Fruchtzucker, dem Vanillemark, der restlichen Zitronenschale und der Orangenschale aufkochen. Durch ein feines Sieb streichen. Die restliche Gelatine in kaltem Wasser einweichen, gut ausdrücken und im Himbeermark auflösen. Himbeersauce abkühlen lassen.

**4** Die gemischten Früchte putzen und waschen. Mit der Himbeersauce marinieren. Die gekühlte und erstarrte Joghurtterrine in Stücke schneiden. Jeweils zwei Stücke mit dem Beerenragout anrichten. Restliche Minzeblättchen in feine Streifen schneiden und darüber streuen.

*336 kcal/1408 kJ · 10 g EW · 28 g F · 11 g KH · 87 mg Cholesterin · ½ BE*

# Buttermilchmousse auf Rhabarber

*1 kg Rhabarber*
*100 g Erdbeeren*
*½ l Apfelsaft (naturrein)*
*2 EL Fruchtzucker*
*etwas Orangen- und Zitronenschale (unbehandelt)*
*1 Vanilleschote*
*¼ l Buttermilch*
*Saft und Schale von ½ Zitrone (unbehandelt)*
*3 ½ Blatt Gelatine*
*190 g Sahne*
*4 EL Prosecco*
*Minzeblättchen zum Garnieren*

1 Rhabarber waschen, schälen und schräg in Stücke schneiden. Die Erdbeeren putzen und waschen. Die Rhabarberschalen mit dem Apfelsaft, 1 EL Fruchtzucker und etwas abgeriebener Orangen- und Zitronenschale etwa 10 Minuten auskochen. Durch ein Sieb abgießen, dabei den Sud auffangen.

2 Den Rhabarbersud mit der aufgeschnittenen Vanilleschote und den Rhabarberstücken aufkochen. Rhabarber etwa 10 Minuten köcheln lassen. Den Topf vom Herd nehmen, die Erdbeeren hinzufügen und 4 Stunden im Fond ziehen lassen.

3 Die Buttermilch mit dem restlichen Fruchtzucker, dem Zitronensaft und der Zitronenschale mischen. 2 Blatt Gelatine in kaltem Wasser einweichen, gut ausdrücken und in etwas Buttermilch auflösen. In die restliche Buttermilch rühren. Sahne steif schlagen und unterheben. Die Buttermilchcreme kalt stellen.

4 Für die Sauce ¼ l Rhabarberfond und den Prosecco aufkochen. 1 ½ Blatt Gelatine in kaltem Wasser auflösen, gut ausdrücken und in der Sauce auflösen. Kurz anziehen lassen.

5 Das Rhabarber-Erdbeer-Kompott auf Tellern anrichten und mit der Prosecco-Sauce beträufeln. Mithilfe von zwei Esslöffeln Nocken aus der Buttermilchmousse stechen und auf das Kompott setzen. Mit den Minzeblättchen garnieren.

**TIPP:** *Anstelle der frischen Erdbeeren können Sie auch tiefgekühlte Früchte verwenden. Sie geben mehr Farbe und Geschmack.*

*306 kcal/1282 kJ · 5 g EW · 16 g F · 30 g KH · 54 mg Cholesterin · 2 BE*

# Pfirsiche mit Vanille-Orangen-Sabayon

*4 weiße Pfirsiche*
*700 ml Orangensaft (frisch gepresst)*
*2 Vanilleschoten*
*Schale von 2 Orangen und 1 Zitrone (unbehandelt)*
*2 ½ TL Fruchtzucker*
*120 ml Prosecco*
*100 ml Pfirsichlikör*
*1 Tropfen Rosenwasser*
*6 Eigelb · 4 TL Zitronensaft · Minzeblättchen zum Garnieren*

1 Die Pfirsiche waschen, halbieren und entsteinen. ½ l Orangensaft mit dem Mark von einer Vanilleschote, der abgeriebenen Schale von je einer Orange und Zitrone, 2 TL Fruchtzucker, 60 ml Prosecco, dem Pfirsichlikör und dem Rosenwasser aufkochen und vom Herd ziehen. Die Pfirsichhälften in den lauwarmen Fond legen und etwa 2 Stunden ziehen lassen.

2 Für den Sabayon Eigelb mit ½ TL Fruchtzucker, 60 ml Prosecco, dem Mark von einer Vanilleschote, der abgeriebenen Schale von einer Orange, 200 ml Orangensaft und dem Zitronensaft über dem heißen Wasserbad mit einem Schneebesen dickschaumig aufschlagen. Den Sabayon auf tiefen Tellern anrichten und die Pfirsichhälften darauf verteilen. Mit Minzeblättchen garnieren.

**TIPP:** *Bereiten Sie den Sabayon nur mit sehr frischen Eiern zu und servieren Sie ihn sofort. Wenn Sie die Creme über dem kalten Wasserbad so lange schlagen, bis sie abgekühlt ist, können Sie sie vor dem Servieren für kurze Zeit kalt stellen.*

321 kcal/1336 kJ · 7 g EW · 10 g F · 41 g KH · 378 mg Cholesterin · 2 ½ BE

# Rote Grütze

*200 ml Kirschsaft (naturrein)*
*2 TL Fruchtzucker*
*je 1 Streifen Orangen- und Zitronenschale (unbehandelt)*
*300 g schwarze Johannisbeeren*
*400 g gemischte rote Früchte*
*½ Vanilleschote*
*2 ½ Blatt Gelatine*

1 Den Kirschsaft mit dem Fruchtzucker, der abgeriebenen Orangen- und Zitronenschale und den schwarzen Johannisbeeren in einen Topf geben, aufkochen und durch ein Sieb streichen.

2 Von den gemischten roten Früchten die Beeren putzen, waschen und gut abtropfen lassen. Sauerkirschen, falls verwendet, entsteinen. Vanilleschote der Länge nach aufschneiden und das Mark mit den Früchten in den heißen Fond geben.

3 Gelatine in kaltem Wasser einweichen, gut ausdrücken und in den heißen Fond rühren. Die Rote Grütze in eine Schüssel oder portionsweise in Gläser füllen und zum Gelieren kalt stellen.

TIPP: *Die gut gekühlte Rote Grütze am besten mit kalter Milch, etwas flüssiger oder steif geschlagener Sahne oder mit Vanilleeis (siehe Rezept S. 129) servieren.*

*114 kcal/474 kJ · 3 g EW · 1 g F · 20 g KH · 0 mg Cholesterin · 1 BE*

# Bayerische Creme mit Himbeermark

*½ l Milch*
*3–4 TL Fruchtzucker*
*2 Vanilleschoten*
*4 Eigelb*
*5 ¼ Blatt Gelatine*
*Saft und Schale von ½ Zitrone (unbehandelt)*
*1 Tropfen Bittermandelöl · 400 g Sahne*
*250 g Himbeeren (tiefgekühlt)*

1 Die Milch mit 2 TL Fruchtzucker, dem Vanillemark und den Vanilleschoten aufkochen. Eigelb schaumig schlagen und in die heiße Milch rühren, bis eine dicke Creme entstanden ist. Die Masse darf nicht mehr kochen, da sie sonst gerinnt.

2 Eiermilch durch ein Sieb in eine kalte Schüssel gießen. 3 ¾ Blatt Gelatine in kaltem Wasser einweichen, gut ausdrücken und langsam in die Flüssigkeit einrühren. Zitronenschale und Bittermandelöl hinzufügen und die Creme über dem kalten Wasserbad so lange rühren, bis sie abgekühlt ist. Die Sahne steif schlagen und unter die Creme heben. Creme in Gläser füllen und kalt stellen.

3 Die Himbeeren auftauen lassen. Mit dem restlichen Fruchtzucker und dem Zitronensaft aufkochen. Durch ein feines Sieb streichen. 1 ½ Blatt Gelatine in kaltem Wasser einweichen, gut ausdrücken und unterrühren. Himbeermark kalt stellen. Zum Servieren das Himbeermark über die Creme geben.

*482 kcal/2019 kJ · 12 g EW · 41 g F · 16 g KH · 356 mg Cholesterin · 1 BE*

# Erdbeerkaltschale mit Saure-Sahne-Eis

**FÜR DIE KALTSCHALE:**

*1 Zitrone (unbehandelt)*
*400 g Erdbeeren*
*2 TL Fruchtzucker*
*200 ml Buttermilch*
*Schale von ¼ Orange (unbehandelt)*
*100 ml Milch*
*80 g Sahne*

**FÜR DAS EIS:**

*1 Vanilleschote*
*Schale von je ½ Zitrone und Orange (unbehandelt)*
*4 TL Fruchtzucker*
*200 ml Milch*
*1 kg saure Sahne*
*1 Blatt Gelatine*
*Zitronenmelisseblättchen zum Garnieren*

**1** Von der Zitrone knapp 1 TL Schale abreiben, den Saft auspressen. Die Erdbeeren putzen und waschen. Mit dem Fruchtzucker und 4 EL Zitronensaft mit dem Stabmixer pürieren und durch ein feines Sieb streichen.

**2** Buttermilch, abgeriebene Orangen- und Zitronenschale und die Milch unter das Fruchtpüree rühren. Sahne steif schlagen und unterheben. Erdbeerkaltschale bis zum Servieren in den Kühlschrank stellen.

**3** Für das Eis die Vanilleschote der Länge nach aufschneiden und das Mark herauskratzen. Das Vanillemark mit der abgeriebenen Orangen- und Zitronenschale und dem Fruchtzucker in die Milch und die saure Sahne rühren. Gelatine in kaltem Wasser einweichen, gut ausdrücken und in der Saure-Sahne-Mischung auflösen. Eismasse im Tiefkühlgerät gefrieren lassen.

**4** Die Erdbeerkaltschale in tiefe Teller geben. Das Eis mithilfe von zwei Esslöffeln in Nocken abstechen und darauf anrichten. Mit Zitronenmelisseblättchen garnieren.

**TIPP:** *Um der Kaltschale eine cremigere Konsistenz zu geben, kann man aus einem sehr frischen Eigelb und 2 TL Öl eine Mayonnaise herstellen und diese unterrühren. Achten Sie bei der Herstellung der Mayonnaise darauf, dass das Eigelb und die Schüssel, in der geschlagen wird, Zimmertemperatur haben. Das Öl unter kräftigem Rühren tropfenweise zum Eigelb geben.*

*667 kcal/803 kJ · 13 g EW · 55 g F · 28 g KH · 153 mg Cholesterin · ½ BE*

# Mokkamousse mit eingelegten Birnen

*60 g Mokkabohnen*
*¼ l Milch*
*3 Eigelb*
*2 TL Fruchtzucker*
*4 ½ Blatt Gelatine*
*250 g Sahne*
*4 reife Birnen*
*700 ml Traubensaft (naturrein)*
*200 ml Prosecco*
*1 Vanilleschote*
*Schale von 1 Zitrone (unbehandelt)*
*1 Tropfen Bittermandelöl*
*1 Gewürznelke*
*1 Zimtstange*
*1 Sternanis*
*Schokospäne zum Garnieren*

1 Die Mokkabohnen in einer Pfanne ohne Fett rösten. Die Milch erhitzen und vom Herd ziehen. Mokkabohnen in die Milch geben und 2 Stunden ziehen lassen. Milch durch ein Sieb abgießen.

2 Eigelb mit dem Fruchtzucker schaumig schlagen und in die Milch rühren. Die Mischung über dem heißen Wasserbad zu einer dickschaumigen Creme aufschlagen.

3 In kaltem Wasser 3 Blatt Gelatine einweichen. Gut ausdrücken und in die Creme rühren. Mokkacreme über dem kalten Wasserbad so lange rühren, bis sie ausgekühlt ist. Sahne steif schlagen und unterheben. Mokkamousse kalt stellen.

4 Die Birnen schälen, halbieren und entkernen. Traubensaft mit Prosecco, Vanillemark, abgeriebener Zitronenschale, Bittermandelöl, Nelke, Zimtstange und Sternanis aufkochen. Vom Herd ziehen und etwas abkühlen lassen. Birnenhälften in den lauwarmen Fond legen und kalt stellen.

5 Für die Sauce ¼ l Birnenfond aufkochen. Restliche Gelatine in kaltem Wasser einweichen, gut ausdrücken und in dem Birnenfond auflösen. Kurz anziehen lassen.

6 Die Sauce auf tiefe Teller verteilen. Birnen in Spalten schneiden und fächerförmig darauf legen. Mit einem warmen Löffel Nocken aus der Mousse stechen und auf die Birnenspalten setzen. Nach Belieben mit Schokospänen garnieren.

TIPP: *Dieses Dessert lässt sich gut vorbereiten: Die Mousse können Sie schon am Vortag zubereiten und im Kühlschrank aufbewahren. Die Birnen ziehen besser durch, wenn Sie sie über Nacht einlegen.*

*538 kcal/2255 kJ · 9 g EW · 29 g F · 52 g KH · 264 mg Cholesterin · 3 BE*

# Gebackene Mango auf Ananascarpaccio

*1 reife Mango*
*1 reife Ananas*
*2 Eiweiß*
*100 g Kokosraspel*
*Pflanzenfett zum Ausbacken · 2 Limetten (unbehandelt)*
*1 TL Fruchtzucker*
*200 g saure Sahne*
*100 g Joghurt*
*½ Vanilleschote*

**1** Die Mango und die Ananas schälen. Die Mango – bis auf den faserigen Kern – in Spalten schneiden. Eiweiß leicht schaumig schlagen. Mangoscheiben durch das Eiweiß ziehen und in den Kokosraspeln wenden. Das Pflanzenfett in einem breiten Topf erhitzen und die Mangoscheiben darin schwimmend ausbacken.

**2** Die Ananas in dünne Scheiben schneiden und den Strunk herausschneiden. Limettenschale abreiben und die Limetten auspressen. Die Ananasscheiben und die Mangoreste mit 2 EL Wasser, 2 EL Limettensaft, ½ TL abgeriebener Limettenschale und ½ TL Fruchtzucker aufkochen. Mit dem Stabmixer pürieren und durch ein Sieb streichen.

**3** Saure Sahne, Joghurt, restlichen Limettensaft, das ausgekratzte Vanillemark, ½ TL abgeriebene Limettenschale und den restlichen Fruchtzucker verrühren. Ananassauce auf Teller gießen. Die Joghurtsauce darüber träufeln und die gebackenen Mangoscheiben darauf anrichten.

264 kcal/1104 kJ · 5 g EW · 7 g F · 43 g KH · 3 mg Cholesterin · 3 BE

# Bunte Früchtetartes

*200 g Blätterteig (tiefgekühlt)*
*Mehl und Butter für die Förmchen*
*1 Vanilleschote*
*200 g saure Sahne*
*Schale von 1 Zitrone (unbehandelt)*
*Bittermandelöl*
*1 ½ TL Fruchtzucker*
*4 ½ Blatt Gelatine*
*60 g Sahne*
*400 g Früchte*
*300 ml Fruchtsaft (naturrein)*

**1** Den Blätterteig auftauen lassen und 5 mm dick ausrollen. Kleine Kreise mit etwa 12 cm Durchmesser ausstechen und in gebutterte, mit Mehl ausgestreute Förmchen legen. Mit einer Gabel mehrmals einstechen, ein Stück Alufolie darauf legen und mit Linsen beschweren. Backofen auf 180 °C vorheizen. Die Törtchen etwa 20 Minuten blindbacken. Die Alufolie und die Linsen entfernen und die Törtchen auskühlen lassen.

**2** Vanilleschote der Länge nach aufschneiden und das Mark herauskratzen. Saure Sahne, Vanillemark, abgeriebene Zitronenschale, 1 Tropfen Bittermandelöl und 1 TL Fruchtzucker zu einer Creme verrühren. 1 ½ Blatt Gelatine in kaltem Wasser einweichen, gut ausdrücken und mit einem Teil der Creme verrühren. In die restliche Creme einrühren. Sahne steif schlagen und unterheben. Die Creme kalt stellen.

**3** Die Törtchen dünn mit der Creme bestreichen. Früchte putzen, waschen und in Spalten schneiden. Die Törtchen damit belegen.

**4** Für den Tortenguss den Fruchtsaft mit dem restlichen Fruchtzucker erhitzen. Restliche Gelatine kalt einweichen, gut ausdrücken und im Fruchtsaft auflösen. Abkühlen lassen, die Törtchen damit überziehen und kalt stellen.

*220 kcal/922 kJ · 3 g EW · 15 g F · 18 g KH · 46 mg Cholesterin · 1 BE*

# Zwetschgentarte mit Mohnschaum

*200 g Blätterteig (tiefgekühlt)*
*30 g gemahlene Mandeln*
*200 g Magerquark*
*2 Eigelb*
*1 TL abgeriebene Zitronenschale (unbehandelt)*
*3 TL Fruchtzucker*
*Zimtpulver*
*1 kg Zwetschgen*
*50 g Diabetiker-Aprikosenmarmelade*
*50 g gemahlener Mohn*
*300 ml Traubensaft (naturrein)*
*200 g Crème fraîche*

1 Den Blätterteig auftauen lassen und etwa 5 mm dick ausrollen. Kleine Kreise mit 10 bis 12 cm Durchmesser ausstechen.

2 Backofen auf 180 °C vorheizen. Die gemahlenen Mandeln in einer Pfanne ohne Fett rösten. Quark, Eigelb, die abgeriebene Zitronenschale, 2 TL Fruchtzucker, Mandeln und Zimt verrühren. Die Quarkcreme dünn auf die Teigkreise streichen.

3 Zwetschgen waschen, halbieren, entsteinen und in Spalten schneiden. Fächerförmig auf die Blätterteigkreise legen und mit etwas Fruchtzucker bestreuen.

4 Törtchen auf ein mit Backpapier ausgelegtes Blech setzen und im Ofen 20 bis 25 Minuten backen. Herausnehmen und mit der Aprikosenmarmelade bestreichen.

5 Für den Mohnschaum den gemahlenen Mohn mit dem Traubensaft in einen Topf geben und weich kochen. Crème fraîche mit 1 TL Fruchtzucker und dem abgetropften Mohn schaumig rühren. Zwetschgentörtchen mit dem Mohnschaum anrichten.

**TIPP:** *Besonders dekorativ sehen die kleinen Törtchen aus, wenn Sie die Ränder dünn mit Aprikosenmarmelade bestreichen und dann geröstete gehobelte Mandeln, gehackte Pistazien oder auch Schokoladenspäne vorsichtig an die Ränder drücken.*

*390 kcal/1639 kJ · 9 g EW · 25 g F · 32 g KH · 119 mg Cholesterin · 2 BE*

# Holunderblütensorbet

*200 ml heller Traubensaft (naturrein)*
*200 g Holunderblüten (ohne Stiel)*
*4 EL Zitronensaft*
*4 TL Fruchtzucker*
*2 Blatt Gelatine*

1 In einem Topf 300 ml Wasser mit dem Traubensaft aufkochen. Holunderblüten verlesen. Mit der heißen Flüssigkeit übergießen und etwa 2 Stunden ziehen lassen. Durch ein feines Sieb abgießen.

2 Zitronensaft und Fruchtzucker unterrühren. Gelatine in kaltem Wasser einweichen, gut ausdrücken und mit einem Teil der Sorbetmasse verrühren. In die restliche Sorbetmasse einrühren. Sorbet in eine Metallschüssel füllen und für einige Stunden in das Tiefkühlgerät stellen.

3 Sorbet häufig mit einer Gabel durchrühren, damit sich keine Eiskristalle bilden.

**TIPP:** *Bei allen Sorbets müssen die Zutaten kalt verrührt werden. Die Gelatine bewirkt, dass das Sorbet cremig bleibt und im Tiefkühlgerät nicht so schnell kristallisiert.*

61 kcal/258 kJ · 1 g EW · 0 g F · 14 g KH · 0 mg Cholesterin · 1 BE

# Teesorbet

*25 g aromatischer schwarzer Tee (z. B. Earl Grey)*
*4 Zitronenmelissestiele*
*Saft von 1 Zitrone*
*200 g Sahne*
*1 EL Fruchtzucker*
*1 Blatt Gelatine*

1 Schwarzen Tee mit ¼ l Wasser aufbrühen und 10 Minuten ziehen lassen. Durch ein Sieb abgießen und abkühlen lassen. Zitronenmelisse waschen und trockentupfen. Die Blättchen abzupfen und in Streifen schneiden. Zitronensaft, Sahne, Fruchtzucker und die Zitronenmelisse in den Tee rühren.

2 Gelatine in kaltem Wasser einweichen, gut ausdrücken und mit einem Teil der Sorbetmasse verrühren. In die restliche Sorbetmasse einrühren. Sorbet in eine Metallschüssel füllen und für einige Stunden in das Tiefkühlgerät stellen. Sorbet mehrmals mit einer Gabel durchrühren, damit sich keine Eiskristalle bilden.

**TIPP:** *Lockerer und luftiger wird die Sorbetmasse, wenn man vor dem Gefrieren 2 TL Eischnee unterrührt.*

25 kcal/101 kJ · 2 g EW · 0 g F · 3 g KH · 0 mg Cholesterin · 0 BE

# Exotisches Fruchtsorbet

*600 g Früchte (z. B. Kiwi, Mango, Ananas oder Passionsfrucht)*
*3–4 TL Fruchtzucker*
*2 EL Zitronensaft*
*3 Blatt Gelatine*

1 Früchte schälen, klein schneiden und mit dem Stabmixer pürieren. Durch ein feines Sieb streichen und mit dem Fruchtzucker, ¼ l Wasser und dem Zitronensaft verrühren.

2 Gelatine in kaltem Wasser einweichen, gut ausdrücken und mit einem Teil der Sorbetmasse verrühren. In die restliche Sorbetmasse einrühren. Sorbet in eine Metallschüssel füllen und für einige Stunden in das Tiefkühlgerät stellen. Sorbet mehrmals mit einer Gabel durchrühren, damit sich keine Eiskristalle bilden.

TIPP: *Besonders cremig werden Sorbets, wenn man sie in einer Sorbetière oder einer elektrischen Eismaschine gefriert. In der Eismaschine ist das Sorbet in etwa 30 Minuten servierfertig.*

116 kcal/486 kJ · 2 g EW · 1 g F · 22 g KH · 0 mg Cholesterin · 1 BE

# Zitronengrasgranité

*8 Limetten (unbehandelt)*
*250 g Zitronengras*
*4 TL Fruchtzucker*
*40 ml Prosecco*

1 Die Schale von 3 Limetten abreiben, alle Limetten auspressen. Zitronengras möglichst fein schneiden und zerstoßen. Limettensaft, Fruchtzucker und Prosecco mit 1 l Wasser aufkochen und vom Herd nehmen. Limettenschale und Zitronengras in die Saftmischung geben und etwa 2 Stunden ziehen lassen. Durch ein feines Sieb abgießen, in ein flaches Blech füllen und in das Tiefkühlgerät stellen.

2 Die Oberfläche immer wieder mithilfe eines Löffels abschaben und die so entstandenen Eisspäne in gut gekühlte Gläser füllen.

TIPP: *Für Granités gibt es unzählige Möglichkeiten: aromatisiert mit Fruchtpürees oder auch mit Alkohol, z. B. mit Rotwein oder Campari.*

77 kcal/322 kJ · 2 g EW · 2 g F · 9 g KH · 0 mg Cholesterin · 0 BE

# Mandarinensorbet

*¼ l Mandarinensaft*
*100 ml Mineralwasser*
*4 EL Zitronensaft*
*4 TL Fruchtzucker*
*4 Mandarinen (unbehandelt)*
*4 EL Prosecco*
*2 Blatt Gelatine*

1 Mandarinensaft, Mineralwasser und Zitronensaft verrühren. Den Fruchtzucker unter Rühren darin auflösen.

2 Mandarinen heiß abwaschen und trockenreiben. Die Schale fein abreiben und mit dem Prosecco in die Sorbetmasse rühren.

3 Gelatine in kaltem Wasser einweichen, gut ausdrücken und mit einem Teil der Sorbetmasse verrühren. In die restliche Sorbetmasse einrühren. Sorbet in eine Metallschüssel füllen und für einige Stunden in das Tiefkühlgerät stellen. Sorbet mehrmals mit einer Gabel durchrühren, damit sich keine Eiskristalle bilden.

TIPP: *Dieses Sorbet können Sie auch mit Orangen, rosa Grapefruits oder Limetten zubereiten.*

*61 kcal/256 kJ · 1 g EW · 0 g F · 11 g KH · 0 mg Cholesterin · ½ BE*

# Joghurt-Limetten-Sorbet

*300 g Joghurt*
*100 ml Limettensaft*
*100 ml Mineralwasser*
*Schale von 1 Limette (unbehandelt)*
*1 EL Fruchtzucker*
*1 ½ Blatt Gelatine*

1 Joghurt, Limettensaft, Mineralwasser, die abgeriebene Limettenschale und den Fruchtzucker verrühren.

2 Gelatine in kaltem Wasser einweichen, gut ausdrücken und mit einem Teil der Sorbetmasse verrühren. In die restliche Sorbetmasse einrühren. Sorbet in eine Metallschüssel füllen und für einige Stunden in das Tiefkühlgerät stellen. Sorbet mehrmals mit einer Gabel durchrühren, damit sich keine Eiskristalle bilden.

*80 kcal/333 kJ · 3 g EW · 3 g F · 9 g KH · 8 mg Cholesterin · ½ BE*

# Orangeneis

*250 g Sahne*
*¼ l Milch*
*3 Eigelb*
*5 TL Fruchtzucker*
*¼ l Orangensaft*
*4 EL Zitronensaft*
*Schale von 3 Orangen (unbehandelt)*

1 Sahne und Milch aufkochen. Eigelb mit dem Fruchtzucker, dem Orangen- und Zitronensaft und der abgeriebenen Orangenschale schaumig rühren. Die heiße Sahnemilch erst tropfenweise, dann in dünnem Strahl in die Eigelbmasse einrühren.

2 Creme im heißen Wasserbad schaumig rühren. Weiterrühren, bis eine dicke Creme entsteht. Die Masse darf keinesfalls kochen, da das Eigelb sonst stockt und sich Klümpchen bilden.

3 Creme durch ein Sieb gießen und mithilfe einer Eismaschine gefrieren.

**TIPP:** *Richten Sie das Orangeneis am besten mit Orangenfilets und Orangenschalenstreifen an.*

351 kcal/1473 kJ · 9 g EW · 31 g F · 21 g KH · 218 mg Cholesterin · ½ BE

# Kokosnusseis

*½ l Milch*
*100 g Sahne*
*125 g Kokosflocken*
*5 Eigelb*
*1 EL Fruchtzucker*
*1 Blatt Gelatine*
*30 g frisches Kokosnussfleisch*

1 Milch und Sahne mit den Kokosflocken aufkochen und vom Herd nehmen. Zugedeckt etwa 1 Stunde ziehen lassen und durch ein Sieb abgießen.

2 Eigelb und Fruchtzucker schaumig rühren. Sahnemilch erwärmen und erst tropfenweise, dann in dünnem Strahl in die Eigelbmasse einrühren. Creme im heißen Wasserbad schaumig rühren, bis eine dicke Creme entsteht. Die Masse darf keinesfalls kochen, da das Eigelb sonst stockt und sich Klümpchen bilden.

3 Gelatine in kaltem Wasser einweichen, gut ausdrücken und in der Creme auflösen. Mithilfe einer Eismaschine gefrieren. Vor dem Servieren das Kokosnussfleisch in feinen Scheiben über das Eis hobeln; das geht am besten mit einem Trüffelhobel.

395 kcal/1652 kJ · 9 g EW · 26 g F · 32 g KH · 356 mg Cholesterin · 3 BE

# Nusseis

*60 g Nüsse (z. B. Walnüsse, Haselnüsse)*
*250 g Sahne*
*¼ l Milch*
*6 Eigelb*
*2 TL Fruchtzucker*
*1 Blatt Gelatine*

1 Nüsse in einer Pfanne ohne Fett rösten und abkühlen lassen. Sahne und Milch mit den Nüssen aufkochen und vom Herd nehmen. Etwa 1 Stunde ziehen lassen und durch ein Sieb abgießen.

2 Eigelb und Fruchtzucker schaumig rühren. Die Sahnemilch erwärmen und erst tropfenweise, dann in dünnem Strahl in die Eigelbmasse einrühren.

3 Creme im heißen Wasserbad schaumig rühren. Weiterrühren, bis eine dicke Creme entsteht. Die Masse darf keinesfalls kochen, da das Eigelb sonst stockt und sich Klümpchen bilden.

4 Gelatine in kaltem Wasser einweichen, gut ausdrücken und in der Creme auflösen. Creme mithilfe einer Eismaschine gefrieren.

*440 kcal/1840 kJ · 10 g EW · 40 g F · 10 g KH · 441 mg Cholesterin · ½ BE*

# Vanilleeis

*250 g Sahne*
*¼ l Milch*
*1 Vanilleschote*
*5 Eigelb*
*2 TL Fruchtzucker*

1 Sahne und Milch mit der aufgeschnittenen Vanilleschote aufkochen. Eigelb und Fruchtzucker schaumig rühren. Die heiße Sahnemilch erst tropfenweise, dann in dünnem Strahl in die Eigelbmasse einrühren.

2 Vanillecreme im heißen Wasserbad schaumig rühren. Weiterrühren, bis eine dicke Creme entsteht. Die Masse darf keinesfalls kochen, da das Eigelb sonst stockt und sich Klümpchen bilden.

3 Creme durch ein Sieb gießen und mithilfe einer Eismaschine gefrieren.

TIPP: *Wenn Sie keine Eismaschine haben, stellen Sie die Eismasse in das Tiefkühlgerät und rühren Sie häufig mit einer Gabel um, damit sich keine Eiskristalle bilden.*

*334 kcal/1397 kJ · 7 g EW · 30 g F · 8 g KH · 390 mg Cholesterin · 0 BE*

# Alkohol und Diabetes

Ob bei einem stilvollen Diner zu zweit oder einem festlichen Essen für Gäste: Ein Glas Wein oder Bier als Begleiter hat in unserer kulinarischen Kultur eine lange Tradition. Auch als Diabetiker müssen Sie auf Alkohol nicht verzichten. Was Sie trinken, sollten Sie jedoch sorgfältig auswählen.

Alkohol zählt zu den Genussmitteln: Alkoholische Getränke können nicht im Austausch gegen andere Nahrungsmittel – insbesondere nicht im Austausch gegen kohlenhydrathaltige Nahrungsmittel – innerhalb eines Diätplans eingesetzt werden. Zusätzlich zur täglich aufgenommenen Nahrung liefert Alkohol viele Kalorien, nämlich 7 Kilokalorien pro Gramm. Das bedeutet, dass man mit einem Glas Rotwein etwa 100 Kalorien zu sich nimmt. Diese Kalorien müssen an anderer Stelle eingespart werden. Dabei ist wichtig, dass die Kalorien, die mit alkoholischen Getränken aufgenommen werden, auf keinen Fall durch Verzicht auf kohlenhydrathaltige Nahrungsmittel, sondern am ehesten durch Verzicht auf fetthaltige Nahrungsmittel ausgeglichen werden können.

## Risiken des Alkohols

Nach Rücksprache mit dem Arzt ist gegen ein Glas Wein, ein Glas Sekt (extra trocken, extra dry, brut) oder ein Glas Bier am Tag grundsätzlich nichts einzuwenden. Einige alkoholische Getränke enthalten allerdings sehr viel Zucker, z. B. Liköre, Süßweine, Spät- und Ausleseweine oder handelsübliches Bier. Auf diese sollten Diabetiker unbedingt verzichten. Gänzlich ungeeignet ist auch alkoholfreies Bier, da es größere Mengen an Malzzucker enthält. Als Alternative ist spezielles „Diabetiker-Bier" im Handel, bei dem der Malzzucker weitgehend zu Alkohol vergoren ist. Mit „Light Bier" nehmen Sie die Hälfte an Alkohol, die Hälfte an Malzzucker und die Hälfte an Kalorien zu sich.

Wer sich ein Glas Bier oder Wein gönnt, sollte auch bedenken, dass Alkohol in den Zuckerstoffwechsel eingreift: Er behindert die Zuckerneubildung in der Leber (die so genannte Glukoneogenese) und kann so leicht zu Unterzuckerung führen. Erhöhte Unterzuckerungsgefahr besteht vor allem, wenn Sie Tabletten vom Sulfonylharnstofftyp einnehmen oder Insulin spritzen, ganz besonders nach Bewegung und Sport. Trinken Sie deshalb Alkohol nur, wenn Sie kohlenhydrathaltige Nahrung zu sich nehmen – und in kleinen Mengen! In Maßen genossen hat z. B. Rotwein durchaus auch einen medizinischen Nutzen: Es ist erwiesen, dass er vorbeugend gegen Herzinfarkt und auch Trombose wirkt.

## Zu empfehlen: Diabetiker-Wein

Wenn Sie gelegentlich ein Glas Wein trinken möchten, dann greifen Sie zu einem trockenen Wein. Deutscher Wein, der diese Bezeichnung trägt, wird mit dem gelben Weinsiegel gekennzeichnet. Die Angabe „trocken" darf verwendet werden, wenn der Wein einen Restzuckergehalt von höchstens 4 g pro Liter hat. Bis höchstens 9 g pro Liter darf der Restzuckergehalt betragen, falls der in Gramm pro Liter Weinsäure ausgedrückte Gesamtsäuregehalt höchstens 2 g pro Liter niedriger ist als der Restzuckergehalt. Dieser lässt sich mit der Formel: Säure plus 2 bis zur Höchstgrenze 9 einfach berechnen. Die Angabe „Für Diabetiker geeignet" mit der Ergänzung „Nur

*In Maßen genossen ist ein trockener Wein der ideale Begleiter eines festlichen Essens.*

*Nichts spricht gegen ein Bier in gemütlicher Runde, wenn es nicht gerade alkoholfreies Bier ist. Diabetiker-Bier hat einen besonders niedrigen Malzzuckergehalt.*

*Klare Obstbrände sind nach einer kohlenhydrathaltigen Mahlzeit als Digestif durchaus erlaubt. Auf zuckerhaltige Liköre sollte man jedoch verzichten.*

nach Befragen des Arztes" dürfen die Hersteller auf das Flaschenetikett drucken, wenn der Wein höchstens 4 g Glukose pro Liter enthält und folgende Vorgaben erfüllt:

- Der Alkoholgehalt darf 12 % Vol. nicht übersteigen.
- Pro Liter dürfen nicht mehr als insgesamt 20 g Zucker enthalten sein.
- Der Gesamtzuckergehalt muss in Gramm pro Liter angegeben werden, falls er 4 g pro Liter übersteigt.
- Die gesamte schwefelige Säure darf nicht mehr als 150 mg pro Liter betragen.
- Der Gehalt an Glukose und Fruktose (in g/l) und der Brennwert (in kJ bzw. kcal/l) müssen angegeben sein.

In Deutschland ist das gelbe Weinsiegel als Gütezeichen für trockene Weine zugelassen, das grüne Weinsiegel für halbtrockene und das rote Weinsiegel für liebliche oder süße Weine.

## Kochen mit Alkohol

Einige wenige Gerichte dieses Buches werden mit Alkohol zubereitet, vorwiegend Saucen oder Desserts. Wenn Sie Wein zum Kochen verwenden, sollte er von bester Qualität sein. Denn Wein wird durch das Einkochen nicht besser, im Gegenteil. Genauso wie die guten Aromastoffe beim guten Wein, treten die unerwünschten beim minderwertigeren Wein hervor. Wein, den man für eine Sauce verwendet hat, löst auch die Frage, welchen Wein man bei Tisch reichen soll: denselben oder einen ähnlichen aus der gleichen Region. Was für Wein gilt, trifft auch für höherprozentigen Alkohol zu. Oft wird für Saucen und Fisch ein trockener französischer Vermouth empfohlen, als Ersatz können Sie einen trockenen Weißwein verwenden. Mit sehr kleinen Mengen Schnaps bzw. Likör werden meistens Desserts aromatisiert.

Lassen Sie sich bei der Wahl Ihres Tischweins nicht von strengen Regeln beeinflussen. Die Meinungen, welcher Wein zu welchen Speisen passt, könnten unterschiedlicher nicht sein. Weinregeln sind nicht verbindlich, sie können nur Anregungen bieten. Es gibt kaum „falsche" Kombinationen. Lassen Sie sich also bei der Auswahl des Weins einfach von Ihrem persönlichen Geschmack leiten.

Irmgard Landthaler

# Kontrolle und Genuss

Mit Diabetes gut leben und genießen – geht das? Ja, natürlich. Dass Sie sich als Diabetiker kulinarisch sogar richtig verwöhnen können, dass Sie Ihre Freunde oder Bekannten mit einem festlichen Menü überraschen können, das so absolut gar nichts mehr von Diät hat – dafür geben Ihnen die Rezepte auf den vorherigen Seiten eine Vielzahl von Anregungen. Insofern ist dieses Kochbuch im allerbesten Sinn ein Stück Normalität.

Sicher, Diabetes verändert das Leben. Aber er bedeutet heute – anders als noch vor etwa 20 Jahren – nicht Entsagung und Einschränkung oder Verzicht. Die moderne Diabetestherapie kommt ohne die strikten Verbote aus, die es früher einmal gab.

Gerade durch die Möglichkeit der Blutzuckerselbstkontrolle hat sich sehr vieles verändert. Die Blutzuckerwerte jederzeit selbst messen zu können gibt Ihnen nicht allein Sicherheit und Unabhängigkeit. Was vielleicht noch viel wichtiger ist: Es hilft Ihnen, den eigenen Zucker kennenzulernen, zu verstehen und bewusster und selbstbestimmter damit umzugehen.

Die Autoren und Initiatoren dieses Buches haben mit ihren Ideen und ihrer Kreativität Wege aus dem Diätalltag gewiesen. Wir von Roche Diagnostics würden uns freuen, wenn auch unser Engagement im Bereich der Blutzuckermessung ein wenig dazu beitragen könnte, dass Sie Ihr Leben so normal wie möglich führen.

Regelmäßige Blutzuckerselbstkontrollen sind heute ein zentraler, selbstverständlicher Bestandteil jeder Diabeteseinstellung. Blutzucker selbst bestimmen und damit die Insulindosierung eigenverantwortlich anpassen zu können bedeutet für viele Diabetiker eine Erweiterung der persönlichen Freiheit – bis hin zur Gestaltung des täglichen Speiseplans, des Tagesablaufs.

Diese Freiheit war jedoch in der Vergangenheit nicht selbstverständlich. Noch vor 25 Jahren herrschte in medizinischen Fachkreisen die Meinung vor, dass eine regelmäßige Überprüfung des Urinzuckers beim Hausarzt für eine Diabetestherapie ausreichend sei. Der Patient musste sich an einen starren Diät- und Tagesplan halten, um einer Stoffwechselentgleisung vorzubeugen. Eine Blutzuckerkontrolle war selten und wurde nur in Kliniken durchgeführt. 1974 führte Boehringer Mannheim (jetzt Roche Diagnostics) die erste trockenchemische Methode zur Blutzuckermessung ein. Die Ärzte konnten erstmals den Blutzucker ihrer Patienten selbständig in kurzer Zeit kontrollieren.

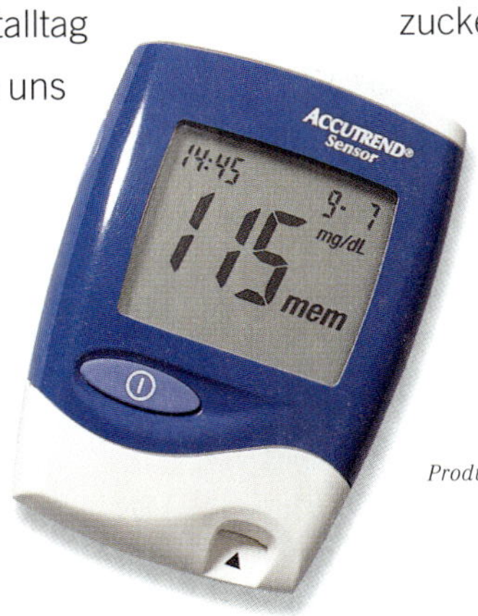


*Ein wichtiges Stück Unabhängigkeit und Lebensqualität: Die Blutzuckerselbstkontrolle ermöglicht heute einen bewussten und selbstbestimmten Umgang mit dem Diabetes.*

*Produktabbildung Stand Dez. 1999*

1979 wurde ein ablesbarer Streifen, der Haemo-Glukotest® 20-800, entwickelt. Nun konnten auch Patienten zu Hause den Blutzucker messen. In den folgenden Jahren schritt die Entwicklung der Blutzuckermesssysteme ständig weiter fort. Die Durchführung der Messung wurde nicht nur schneller, sondern auch wesentlich komfortabler. Immer schmerzärmere Stechhilfen konnten auf dem Markt angeboten werden.
Bei der heutigen Behandlung des Diabetes ist die regelmäßige Selbstkontrolle eine Selbstverständlichkeit geworden. Nur so kann eine individuellere Tagesgestaltung geplant und Folgeerkrankungen vorgebeugt werden.

Auf dem Gebiet der Blutzuckermessung wird weiter für Sie geforscht, um Ihnen die Blutzuckermessung so sicher, einfach und komfortabel wie möglich zu machen. Dabei denken wir auch an den großen Wunsch aller Diabetiker: die schmerzlose Messung des Blutzuckers.
Falls wir etwas dazu tun können, rufen Sie uns an. Die Mitarbeiterinnen und Mitarbeiter unserer Diabetes Service-Hotline sind für Fragen zum Thema Blutzuckerselbstmessung und zu den Blutzuckermessgeräten von Roche montags bis freitags von 8.00 bis 12.00 Uhr und von 13.00 bis 17.00 Uhr gern für Sie da: 01 80/2 67 12 44.

Oder schreiben Sie uns:

Roche Diagnostics GmbH
Diabetes Kundenservice
D-68298 Mannheim

Wir wünschen Ihnen viel Spaß beim Blättern,
Nachkochen und Genießen.

Roche Diagnostics

Roche Diagnostics GmbH
D-68298 Mannheim

**Hinweis:**
*Sämtliche Rezepte dieses Buches sind für 4 Personen berechnet; die Nährwertangaben beziehen sich auf jeweils 1 Portion!*

**BILDNACHWEIS:**
Rezeptfotos: W. Cimbal; S. Katzer: S. 6, 9, 103; Roche Diagnostics: S. 132; StockFood/S. u. P. Eising: S. 13, 130, 131 oben rechts und unten; StockFood/M. Hunter: S. 12 oben; StockFood/Rosenfeld Images: S. 12 unten; StockFood/M. Stock: S. 11, 131 oben links